广东旅本

番外旅本编辑部 / 编

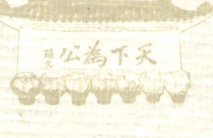

广东旅游出版社
GUANGDONG TRAVEL & TOURISM PRESS
悦读书·悦旅行·悦享人生

中国·广州

图书在版编目（CIP）数据

广东旅本 / 番外旅本编辑部编；王河绘. — 广州：广东旅游出版社，2019.12
ISBN 978-7-5570-1904-4

Ⅰ. ①广… Ⅱ. ①番… ②王… Ⅲ. ①旅游指南—广东 Ⅳ. ①K928.965

中国版本图书馆CIP数据核字(2019)第127613号

番外·旅本
总 策 划：刘志松
责任编辑：龙鸿波
图片来源：蔡孝平　冯子强　何日胜　彭　焰　陈永善
　　　　　梁翠珊　谭敏仪　龙鸿波　俞　莹　冼志良
　　　　　蔡　璇　厉颖卿　陈小曼　林保翠　贾　茵
　　　　　摄图网　全景网　汇图网
手绘插画：王　河
装帧设计：谭敏仪
责任校对：李瑞苑
责任技编：冼志良
＊ 本书地图仅用于景点示意

广东旅本 GuangDong LüBen
广东旅游出版社发行
（广州市越秀区环市东路338号银政大厦西楼12楼）
邮购电话：020-87348243
佛山市华禹彩印有限公司印刷
（地址：佛山市南海区罗村联合工业区西二区三路1-1号）
787毫米×1092毫米　32开　6印张　171千字
2019年12月第1版第1次印刷
定价：48.00元

版权所有　侵权必究
本书如果有错页倒装等质量问题，请直接与印刷厂联系换书

番外·小引 / 雕刻旅行时光

人生是一部大书,日常生活则是正文。

仅仅沉溺于、执着于生活正文的进退兴废,跌宕起伏,生活职业化,算不上丰盛人生。

正文之外,还有番外。

旅行,算是人生番外的一种,生活的他方。

因此,圣·奥古斯丁在其蜚声于世的人生总结《忏悔录》中说:"世界是一本书,不旅行的人只看到其中的一页。"

的确,仰观宇宙之大,俯察品类之盛,乐山乐水,游目骋怀,旅行,穿越人山人海,翻越世界很多面,足以拓宽人生的宽度。

但是,并非理所当然地一定能延展生命的长度和提升生命的纯度。

旅行有如读书,虽万卷阅遍然不知"破",亦囫囵吞下仙人果,不解其味,二师兄是也。

旅行不二,不能走马观花,浮光掠影,换个地方吃饭,换个城市走路,上车睡觉,停车撒尿,下车拍照,回来啥也不知道。今天,国人已经告别了赶鸭子上架的打卡时代,旅行升级到了3.0,目的地从省内到国内再到国外;装备从walkman到iPad,从数码相机到单反;方式从跟团游、半自助到全自助……

越来越多的人在追求有价值的旅行。

但生活正文之外,要真正写好旅行番外这篇文章,做好罗杰斯所说的人生最有价值的投资,如卡尔维诺所说"为了回到你的过去或找寻你的未来而旅行",升级还远远不够,还需要改变更多。

因为,说到底,所有人的旅行,从本质上说,都是想通过空间的位移来赋予时间新的意思,把时间活成更好的时光,让时间散发出日常生活之外诗意的光芒和别处的智慧。

他不可辜负。

他需要优游,需要深入其里,反复求索和玩味,方得其中三

昧和味外之旨,从悦目、悦心到悦神。"星河尽涵泳,俯仰迷不上",真正的旅行者都是涵泳者。

他需要踏着下雪的北京,品尝夜的巴黎,拥抱热情的塔希提,湄公河上有邂逅……

他需要搜集地图上的每一次风和日丽,用心挑选和寄出纪念品,路过纽约地铁里湿漉漉的表情,错过布拉格广场上最后一道班车,见证世界上最危险的厕所和最美丽的天空……

他需要一段午后的时光、雨中的謦音、一次森林的迷失、青草更青处的漫溯……

他需要一本书、一支笔、一页纸、一杯摩卡,他需要揣摩、吟咏、记录、描绘……

没错,他需要路上有谦卑,"keep hungry, keep foolish"。

而这,就是我们所提倡的,所致求的,就是我们的"番外"精神。

番外,是我们致力打造的一个旅行品牌,只为最有价值的旅行而生。今天,当你读到这段话时,事实上,已经进入了我们的番外·旅本。番外·旅本,是一种图书和笔记本融合的跨界产品,既是一种精雕细刻的价值读物,也是一种用记绘可以反复使用的环保记事本。总之,它是一种可以改变旅行态度和旅行方式的文创产品,提倡从脚下旅行、眼睛旅行、相机旅行到笔下旅行、走心旅行、创新旅行("试图用能给世界一些新意的眼光来看世界"——凯鲁亚克),打造属于自己旅游传承的博物馆。

番外·旅本,雕刻旅行时光,不辜负每段旅程。

时间因雕刻而精致,岁月因记录而传承。

番外·旅本,欲承载人生更多的热爱和梦想。

这,真需要你我一同来完成。

刘志松

目录 CONTENTS

广东°博物馆

广东简史 / 002

这里是广东 / 007
广东的地道风物 / 008
地 / 009
道 / 010
风 / 013
物 / 015

广东旅游TOP10 / 017
TOP1 造化钟神秀：不一样的岭南山水 / 018
丹霞山 / 罗浮山 / 玄武山 / 莲花山 / 鼎湖山 / 连州地下河 / 万绿湖 / 广东大峡谷 / 南岭国家森林公园 / 七星岩 / 南澳岛 / 海陵岛 / 上下川岛 / 南岗千年瑶寨

TOP2 活力商都：世界级都市圈走一遍 / 033
・**粤港澳大湾区** / 034
横琴长隆海洋度假区 / 东澳岛 / 大鹏半岛 / 放鸡岛
・**海上丝绸之路** / 039
南海一号 / 广州十三行 / 南海神庙 / 惠来沿海海丝遗迹 / 徐闻古港 / 笔架山窑

TOP3 广府、潮汕、客家：南北交融的岭南文化 / 047
- 广府文化 / 048

西汉南越王墓博物馆 / 陈家祠 / 三雕一彩一绣
- 潮汕文化 / 058

潮州古城 / 前美村
- 客家文化 / 061

中国客家博物馆 / 大埔围屋 / 林寨古村

TOP4 基上采桑基下捉鱼：体验岭南古村的农家乐 / 065
上岳村 / 满堂客家大围 / 沙湾古镇 / 自力村及开平碉楼 / 翠亨村 / 天马村

TOP5 佛系·禅行：禅宗的朝圣路 / 073
国恩寺 / 六祖寺 / 南华禅寺 / 庆云寺 / 六榕寺 / 光孝寺 / 云门寺

TOP6 星星之火可以燎原：这里是中国民主革命的发源地 / 081
中共三大会址纪念馆 / 农民运动讲习所 / 广州起义烈士陵园 / 黄埔军校 / 三元里人民抗英斗争纪念馆 / 黄花岗七十二烈士墓园 / 孙中山故居纪念馆 / 鸦片战争博物馆 / 广东东江纵队纪念馆 / 叶剑英纪念馆 / 彭湃故居 / 北伐战争纪念馆

TOP7 怕冷吗？这里的冬天很温暖 / 094
从化温泉 / 黄岐山 / 锦江温泉 / 古兜温泉 / 高尔夫海滨度假村 / 靖海古堡

TOP8 行知岭南，游学相长：到广东来研学 / 098
广东省博物馆 / 恐龙博物馆 / 华南植物园 / 广东科学中心 / 广东美术馆 / 深圳海洋世界 / 广州长隆旅游度假区

TOP9 广东花时间：一年四季来粤赏花 / 104
勒杜鹃 / 木棉花 / 黄花风铃木 / 红花羊蹄甲 / 蓝花楹 / 禾雀花 / 鸡蛋花

TOP10 陌上青青，相约共行：南粤古驿道上的新脚印 / 114
梅关古道 / 西片古驿道 / 大南路驿道

资讯° 微焦镜

在广东每月都在热闹过节 / 120
桥头油菜花节 / 深圳锦绣中华春节大庙会 / 广州迎春花市 / 星湖宫粉紫荆 / 文昌诞 / 潮州畲族"乌饭节" / 菠萝旅游文化节 / 龙母诞 / 从化杨梅节 / 广州南沙妈祖文化旅游节 / 广东省泥人节 / 东莞桥头荷花节 / 龙舟节 / 南海（阳江）开渔节 / 连南桑叶美食节 / 连山壮家戏水节 / 民俗糍粑节 / 佛山秋色 / 阳江风筝节 / 小榄菊花会

唯有筷子停不下来：舌尖上的广东 / 128
粤式早茶 / 云吞面 / 得心斋酝猪蹄 / 石岐乳鸽 / 九层糕 / 蚝烙 / 恩平濑粉 / 古井烧鹅 / 梅菜扣肉 / 达濠晶华鱼丸 / 鸭母捻 / 清汤蟹丸 / 盐焗鸡 / 烧雁鹅 / 擂茶

城市丈量指南

珠三角地区 / 140

广州	活力花城	千年商都 / 140
深圳	创意鹏城	时尚之都 / 142
佛山	传奇禅城	狮舞岭南 / 144
珠海	幸福岛城	浪漫之地 / 146
东莞	智造精彩	莞香天下 / 148
中山	宜居香山	名人故里 / 150
江门	秀美五邑	世遗之乡 / 152
惠州	惠民之州	山呼海应 / 154
肇庆	山水端城	国砚名都 / 156

粤东地区 / 158

汕头　海滨邹鲁　海风潮韵 / 158
潮州　潮人故里　天下名州 / 160
揭阳　水城榕城　潮汕之源 / 162
梅州　世界客都　长寿慢城 / 164
河源　万绿槎城　温泉之都 / 166
汕尾　海陆丰景　滨海汕尾 / 168

粤西地区 / 170

湛江　湛蓝的海　湛蓝的天 / 170
茂名　滨海绿城　好心茂名 / 172
阳江　南海丝路　丰采阳江 / 174
云浮　六祖故里　魅力石城 / 176

粤北地区 / 178

韶关　禅韵韶州　元起丹霞 / 178
清远　北江明珠　清香溢远 / 180

广东简史

先秦古籍中越即粤,粤、越通用,是对长江以南沿海一带族群的统称,《吕氏春秋》中称"百越"。广东属百越之中的南越,《史记》中称"南越",《汉书》称"南粤"。后来"粤"和"越"区分,粤用来特指广东。

距今约12.9万年以前,岭南出现了早期古人(马坝人)。商与西周时代,广东先民便与中原商、周王朝有了经济文化往来。春秋战国时代,岭南与闽、吴、越、楚国关系密切,交往频繁。

秦末,南海郡尉任嚣的下属赵佗起兵隔绝五岭通中原的道路。秦亡之际,赵佗武力攻并桂林、象郡,建立南越国,自称"南越武王"。今天广东省内最著名的墓葬群——南越王墓就是属于这个王朝第二任君王赵眜的。

后汉武帝平定南越后,汉朝将南越地划分为南海、苍梧、郁林、和浦、交趾、九真、日南、儋耳、珠崖9个郡。东汉末年,交趾部改为交州。

东吴时为便于治理，又把南海、苍梧、郁林、高梁4个郡（今两广大部）从交州划出，另设广州，州治番禺，广州由此得名。

唐懿宗时期，岭南道划分为东、西道，东道治广州，广东属岭南东道，这是广东省名中"东"字的由来，也是两广分为东西的开始。

宋代地方行政制度分路、州（府、军）、县三级。广东大部分属广南东路，"广东"即广南东路的简称。

明朝洪武二年（1369年），改广东道为广东等处行中书省，并将海北海南道改隶广东，广东成为明朝的十三行省之一。而且，过去长期与广西同属一个大区的雷州半岛、海南岛划拨广东统辖，结束了广东以往隶属不同政区的状况，广东省区域轮廓自此基本形成。

广东自古以来就是个移民大省。

秦始皇统一中国后，派大批的军民到广东来开发居住，为广东的发展做出了不少的贡献。秦汉时期开始，广州市就已经成为繁华的商都，是海上丝绸之路的起点。广东这个地方一直是历代皇帝流放囚犯的边境之地,那些流放来的罪臣、囚犯们,在这里开发、生活,把他们从中原学到的先进文化带给广东的人民,促进了这里的生产经济的发展。

随后,在宋朝时,由于战乱,又有一批中原人过来了,走进了当时"荒山野岭"的梅州。在与当地的土著游耕的畲族、俚族等一番小范围的冲突后,这些中原人以客家人的身份留了下来,繁衍生息。后来这些客家人以梅州为老家,又迈出了他们远行的脚步,走向了世界各地。

还有一批从福建过来的中原人,他们盘踞在粤东一带,包括今天的潮州、汕头、揭阳一带,自称为潮汕人,临海而居。他们对于经营自己的一亩三分地有着自己的执着。

至此,广东的三大族群形成了,他们说着各自的语言,吃着不同的食物,在广东这个包容性极强的地方共同生活着。

到了清朝,"广东省"这个名称正式使用。清代广东省最南的辖境是南海诸岛的曾母暗沙,由此可证,南海诸岛自古以来就是中国的领土。清末闭关锁国加剧,广东成为清廷唯一允许对外通商的省份。鸦片战争前,林则徐主导的轰轰烈烈的销烟运动就是在广东的东莞。鸦片战争后,清廷被迫签订《中英南京条约》,开通广州、福州、厦门、宁波、上海等五处港口。《和约章程补遗》,增开琼州、潮州等六口,中美签订《天津条约》,增开潮州(后改汕头)、台南为通商口岸。

虽然当时清廷腐败软弱,但是在广东这块土地上却开出了革命的花朵,涌现出了如洪秀全、康有为、梁启超、孙中山、何香凝、廖仲恺等革命家。他们在广东这片土地上干出了了不得的大事。康有为在广州开办万木草堂,招徒讲学,阐发维新变法思想。1911年4月孙中山、黄兴在广州发动武装起义。1917年9月10日,孙中山在广州就任军政府大元帅,南北形成对峙

 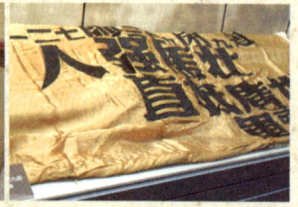

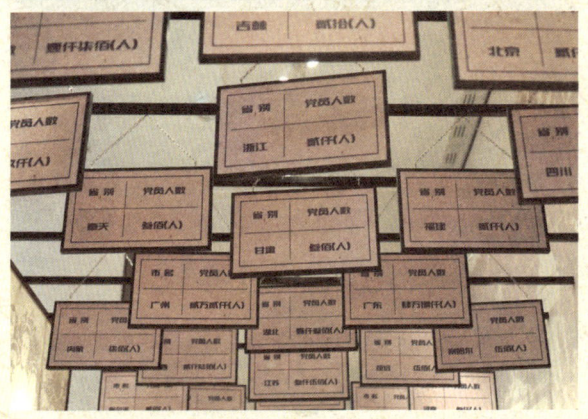

局面，护法运动正式开始。1924年，中国国民党第一次代表大会在广州召开。会议通过了《中国国民党全国代表大会宣言》，接受了中国共产党反帝反封建的主张，以新三民主义为指导思想，在事实上确定了"联俄、联共、扶助农工"的三大政策。1925年，广东革命政府以黄埔军校学生军为主力，进行了两次东征。1926年5月上旬，广东革命政府派遣国民革命军第四军叶挺独立团和第七军一部为北伐先遣队，从广东挺进湖南，揭开了北伐战争的序幕。1926年由中国共产党人彭湃等倡议，毛泽东等人在广州举办的第六届农民运动讲习所。1927年12月11日，中国共产党在广州领导工人、农民和革命士兵举行的反抗国民党反动派的武装起义。

　　近代革命事业的蓬勃发展和工商业的发展,使得广东的发展脚步一路领先。到了社会主义建设新时期,广东是改革开放的前沿阵地。1979年广东开放了三个经济特区,1984年14个沿海开放城市中广东有广州、湛江两个,珠江三角洲成为沿海经济开放区。

　　今天,广东已经走进了发展的高速时期。深圳继经济特区之后再次被委以重任,建设中国特色社会主义先行示范区。国家更是花大力气、资金在广东建设粤港澳大湾区——广州、深圳、珠海、佛山、中山、东莞、惠州、江门、肇庆九市以及香港、澳门行政特区组成的城市群,是国家建设世界级城市群和参与全球竞争的重要空间载体。广东已经进入了精彩蜕变的新时代,一幅令人振奋的新画卷正徐徐展开。

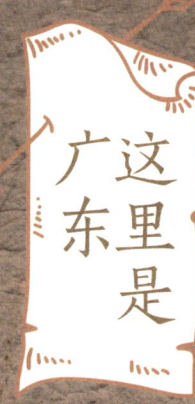

这里是广东

GUANGDONG

广东的地道风物

GUANGDONG

　　地球人都知道,广东简称"粤","粤"与"悦"谐音,对于旅游来说,其精神实质就是"悦","悦目、悦心、悦神",从这个角度来说,广东,就是为旅游而生。

　　广东一直以来予人的印象就是改革开放的前沿地、遍地说粤语、"大吃货省"等。广东人踏实肯干、富足安宁、逍遥自在、懂得享受。在广东衣食住行,好处多多,更何况广东本来就很美,而且越来越美,为越来越多的人知道并欣赏,纷纷踏上了来广东的旅程。

GUANGDONG

地

广东位于"山海之间",其间珠江浩浩渺渺,这种山水赋予了广东别有韵味的自然。

广东的山不似北方的崇山峻岭,连绵不绝,而是因独特的地质结构另有特色。韶关的丹霞山是"丹霞地貌"的命名地,被正式列入《世界遗产名录》。此处岩石"色如渥丹,灿若明霞",陡峭的悬崖,大小不一的石峰、石墙、石柱、天生桥,密集深邃的峡谷,壮观的瀑布,以及碧绿如玉的水,令人印象深刻。除此之外,世界自然遗产之一的"中国南方喀斯特地貌"在这里也可寻见。一块石头就是一座山,这景象在英西峰林走廊、鼎湖山随处可见。

水在广东人眼里有"金钱"的意思,粤语中有"水为财"之说,还有"前山后水"的美好祝愿。据此来看,广东人真的很有钱!珠江是广东的母亲河,夜游珠江,其景致可以媲美多瑙河之夜。广东还拥有全中国最长的海岸线,从深圳大小梅沙到江门台山的上下川岛,从惠州巽寮湾到汕头南澳岛,从湛江东海岛到茂名水东湾……水质清澈可潜泳,风平浪静可挂帆。海产更是丰富,吸引了众多老饕。沿海众多的沙滩"湾似虹,沙如玉,岸边绿林含翠",被一众情侣和新婚夫妻选作见证爱情之地。在广东五彩的海滨,你可以读懂大海所有的精彩。

道

GUANGDONG

旧时广东予人印象是地处偏远、瘴气环绕、官员流放之地，然而流言背后的广东却是默默修建起驿道，通衢两省，为军事、通商打开方便之门，成为中原联系岭南，甚至是海外的重要纽带。

"少说话，多做实事"是广东人的行事之道。广东人包括广府人、客家人、潮汕人，各有各风情，各有各精彩，但有几个共同点——宽容大方、爱拼敢闯、胸有大海，而这些品质正是构成了人类的美好，以致很多人说广东最美的风景是人。广东人是"陆海人"，既有陆地人的务实传统，也有海洋人的激情开拓，说到底就是走心。说到走心，自然得提到广东的"心"文化。广东是天下禅宗的发源地，从达摩西渡的广州到六组惠能的故里云浮再到禅宗集大成者的韶关，光孝寺、国恩寺、南华寺无不提倡一种"明心见性"的文化。广东人强调佛法不外求，自身是真佛，所以广东人追求活出内心最好的世界，自在的人生不需要解释，后来，这种观点由江门的陈白沙和增城的湛若水继续传承，成为广东人的血脉基因。

但历史只是序曲，广东一直在书写大文章。只是广东秉性沉默如金，追随的是厚积薄发，因此在中国历史上很少发声。但是到了近代，一切都改变，广东爆发为中国的中心。虎门销烟成了中国历史的分水岭，万木草堂开始了广东人的北伐，一文一武两学校在讲述着"天下大势，浩浩荡荡"，有个名叫孙文的人被称为"国父"。"升官发财请走别处，贪生怕死莫入此门"，楹联上写着如此文字的地方如今更是成了反腐倡廉和理想信念的学习基地。今天的人都应该来此看看，在缅怀黄花岗七十二烈士的同时，忆想当时"欲享革命之幸福，必经革命之痛苦"的倡议，从而能更珍惜现在的日子。

012 ▶ 广东 博物馆

风

GUANGDONG

广东地处中国大陆最南端，属亚热带季风气候区，又因临海，每年都会为两个风困扰，一是不期而遇的季风，一是狂放不羁的台风。季风所到之处，夏季湿热，冬季湿冷，还有那著名的"回南天"，因此去湿便成了广东人必做的功课。台风更是广东沿海地区每年的心腹大患。台风过处，树木连根拔起，洪水倒灌。防风是沿海房屋必考虑的一项，潮州的东门楼临江高耸，倍受风害，但楼内门窗均可拆卸，遇有特大风灾将临，卸门拆窗，让大风呼啸而过，以保安全。

广东的文化是一种兼容并蓄的文化，是一种追求真善美的文化，因而成就文化中的大俗大雅。广彩、潮绣、客家土楼可谓例证，当然还包括雅文化的广东大戏、岭南画派，俗文化的飘色、烧龙、鸡公榄、黄飞鸿以及舞狮、凉茶等，不胜枚举，这些都在歌颂生活的美、传统的真、生命的善。

说到底，这种文化源于传承之风。比如"善"，茂名的冼夫人说"唯用一好心"；比如"真"，南越王墓在书写着广州城2000多年的历史；比如"美"，白话、潮州话有种古汉语的韵。

广东亦有引领潮流之风，由于它是个市民社会，正如广州叫"广州市"一样，既非北平城，也非汉口镇，更非上海滩，是个商业社会。于是，广州成了中国千年商都；于是，广东成了中国改革开放的排头兵，贡献了深圳传奇和中国特区。今天，三个自贸区、粤港澳大桥和广东粤港澳大湾区来了，足以媲美纽约湾区，也必将成为世界级经济圈。广东一直在缔造着中国商业传奇，上下九骑楼和西关大屋曾走出世界首富和西关大小姐，梅州大埔生活过比胡雪岩更有钱的张弼士，潮汕人李嘉诚书写了当代商业传奇。广州的广交会、深圳的一天一层楼的速度、东莞的"世界制造业之都"称号以及今天广州的小蛮腰、东塔西塔，都见证着中国的现代化进程。如今，广东更秉承着敢为天下先的精神，华为、腾讯、大疆构建着中国现代化的工业旅程。

GUANGDONG

广东气候宜人,因而物产丰富。小时候课本里的"桑基鱼塘"和"蔗基鱼塘"就缘于广东。鱼,"鲜"字的核心构成部分。广东人无鱼不成餐。珠三角的确是上帝的恩赐之地,潮汕平原面朝大海,他们创造了中国舌尖上最值得大书特书的"食在广州,厨出凤城""头啖汤""生猛海鲜""一盅两件""潮汕人的乡愁叫粿""打冷""年例""清远鸡"……在广东,脚步可以留下来,就是筷子停不下来。

广东人虽以食为天,但不止于吃,就像"香清益远"的"清远",还有"阳春召我以烟景"的"阳春""湛湛江水兮上有枫"的"湛江"等这些地名一样,广东人的生活充满"镬气"同时亦充满诗意。他们轻外在,重内在,可以用手机去打狗,可以一双波鞋过一年。广州的冬日阳光像暖男,过年的花市全国闻名,"羊城过年,花城看花"也因此成了国人的暖冬计划。

广东是个插根木棍都发芽的地方,北回归线在此间穿过,这里的花开一树树,四季不败;这里瓜果飘香,荔枝、龙眼、菠萝和香蕉,因此也是一个休闲、农家乐的好地方。尽管广东商业化进程领先全国,但碉楼、围楼、骑楼、陈家祠、蚝壳屋、四点金却让人记得住乡愁,而广东人与时俱进的智慧结晶"东部华侨城""广州长隆和珠海长隆""长鹿山庄"则成了孩子们的暑假目的地,大手拉小手穿行其间,寓教于乐,其乐无穷。

广东行不完,广东说不尽。广东的地、道、风、物无不体现出这片土地最本质的真实。四百多年前,与徐霞客齐名的王士性曾预言"广东必定后来居上",他的这个预言正在成为现实,经济如此,旅游亦如此,广东将继"旅游输出大省"的称号后再成为"旅游输入大省"。

广东,粤来粤好玩,粤玩粤开心。

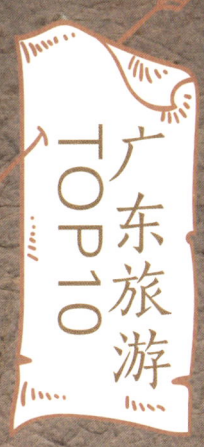

广东旅游 TOP10

GUANGDONG

TOP 1 造化钟神秀：不一样的岭南山水

南岗千年瑶寨　莲花山

南岭国家森林公园

广东大峡谷　海陵岛　万绿湖

丹霞山　上下川岛　玄武山

罗浮山　连州地下河

七星岩　南澳岛　鼎湖山

丹霞山

丹霞山是丹霞地貌的命名地。2004年入选全球首批世界地质公园,2010年被评为世界自然遗产。

丹霞山由大大小小680多座红沙砾岩体的山峰组成,以赤壁丹崖而闻名,"色如渥丹,灿若明霞"。其中的巴寨景区由锦水、田园、村落及仙山琼阁群山组成,是丹霞地貌最典型、最壮观、最精粹、最完美的代表。长老峰是丹霞山观日出和远眺诸峰的最佳地点,其中的观日亭不仅景如其名,更是丹霞景色绝佳拍摄点。阳元山因有号称"天下第一奇石"的阳元石而得名,是丹霞山标志性景观。除却地质景观,阳元山的云崖栈道惊险异常,值得攀爬爱好者一试高下。而丹霞山之秀,则主要秀在锦江。一江碧绿的玉液蜿蜒逶迤于丹霞山群中,令人流连忘返。

地址:韶关市仁化县

罗浮山

罗浮山横跨博罗、龙门、增城三地,方圆214多平方公里,拥有大小山峰432座、名泉飞瀑980多处、洞天奇景18处、石室幽岩72个,山势雄伟、层峦叠翠,因与南海西樵山东西相映,互为姐妹山,所以有"东樵山"的美称。俚语有云:"罗浮,罗浮,满山石头。"罗浮山的摩崖石刻遍山皆有,各种石刻书法琳琅满目,令人叹为观止。

洞天福地是这座名山的最大特色,被司马迁称为"粤岳",既被道教尊为天下第七大洞天、三十四福地,又被佛教称为"罗浮第一禅林"。道教名家葛洪在此处修道,他从前的修行处——朱明洞,如今被列为"道家文化主题景区"。罗浮山原有十八寺,其中最著名的是华首寺,有1260多年的历史。

📍 **地址:** 惠州博罗长宁镇
⚠ **开放时间:** 7:00~18:00
⚠ **最佳游览时间:** 秋季

玄武山

　　玄武山是国家4A级景区，濒临南海碣石湾，也是汕尾市重要的宗教活动场所和文化传播的重要地点。

　　玄武山的主要景点有元山寺、福星塔、古戏台等。元山寺，始建于南宋建炎元年（1127年），是佛道两教合一的宗教活动场所，并且是闽南语系百姓的佛教信仰中心。寺内保存有大量寺藏历史文物，供奉北极真武元天上帝、释迦牟尼、观世音等神像和佛像，释道汇流。元山寺每十年一次的重光庆典是一项延续百年的活动，始创于清光绪二十二年（1896年），每逢庆典，修缮庙宇、重光佛像，举行开光仪式、水陆法会盛大佛事活动等。开元寺前的明代建筑大戏台，造型古朴，各种木雕石刻、人物花鸟栩栩如生，千姿百态。自明、清以来，每年农历三月初三和九月初九连续多天上演地方剧种曲目，是粤东地区一处最大的庙宇戏台。

> **地址**：陆丰市碣石镇北郊
> **开放时间**：8:30~17:00

莲花山

  莲花山风景区有座麒麟峰,因峰顶上有一块酷似莲花的岩石,所以后人把这座山称为莲花山。

  莲花山由48座红色砂岩低山组成,海拔最高为108米,占地2.54平方公里。莲花山石景区,以"人工无意夺天工"的石景奇观闻名于世,是国内仅见的"人工丹霞"奇迹。莲花山上还有莲花塔和莲花城等古迹,均被列为省级文物保护单位。

◎ **地址:** 广州市番禺区东部珠江口狮子河畔

鼎湖山

广东省四大名山之一,是北回归线上唯一的绿洲,因此鼎湖山被誉为"北回归线上的绿宝石"。由于鼎湖山枝繁叶茂,负离子含量极高,也被誉为"天然氧气库"。

鼎湖山是岭南四大名山之首,拥有丰富的亚热带植物。山内的白云寺和庆云寺是著名的佛教圣地,其中庆云寺是岭南四大名刹之一。其他景点还有宝鼎园和蝴蝶谷等。

- **地址**:肇庆市鼎湖区西郊
- **推荐饮食**:庆云寺的"鼎湖上素"

连州地下河

连州地下河是一个亚热带喀斯特地貌的典型巨型天然石灰岩溶洞。洞内气温四季保持在18℃左右,空气清新,冬暖夏凉,是旅游避暑的胜地。

连州地下河是因2亿年前地壳运动,海底下溶洞抬升,从而形成地上溶洞。最大的特点是溶洞和地下河,上下共分为3层。天然的洞口宽敞雄伟,置身其中感觉"别有洞天"。

地址: 清远市连州市东陂镇大洞村

万绿湖

　　万绿湖是华南最大的人工湖,因处处是绿、四季皆绿而得名。碧水和青山是景区最大的特色。

　　万绿湖与浙江千岛湖相比堪称"姐妹湖",亲临其境,犹如置身"山中海洋"。主要景点有镜花岭、镜花缘和水月湾。来镜花缘与镜花岭,邂逅李汝珍笔下的百花仙子。而水月湾素有"万绿湖中的翡翠明珠"之称,是万绿湖赏景和享受夕阳、月光的最佳景点。环岛步行,可以从不同的角度领略万绿湖中的爱情岛——龙凤岛,是谈情说爱、诉说衷情的好地方。

地址: 河源市东源县境内

广东大峡谷

广东大峡谷又叫乳源大峡谷,是广东省最大的峡谷,被称为"广东地貌的一条美丽的伤痕"。峡谷沟壑纵横、奇峰林立、古木参天,构成一幅巧夺天工的山水画卷。

峡谷长15公里,深300多米,属石英砂峡谷地貌。峡谷顶部地貌平缓,壶口瀑布从200多米的悬崖峭壁飞流直下,形成了气势磅礴的山水奇观。峡谷景色秀丽、地貌险峻,从崖顶至谷底有观光梯,也有高达1300多级石阶的陡峭"天梯"。谷内出露的岩石为距今3亿多万年以前形成的沉积岩,以致密坚硬的石英岩为主。

◎ 地址:韶关市乳源瑶族自治县大布镇

南岭国家森林公园

南岭国家森林公园是广东省最大的自然保护区,是珍稀动植物宝库,这里拥有超过2000种的植物,有广东唯一的原始森林。

公园的主要景区有小黄山、瀑布群、亲水谷、石坑崆。小黄山上保留着世界上最大片的"广东松"原始森林,在这里松叶颜色随四季变幻,春夏翠黄苍劲,寒冬则一片粉蓝,冬季还可看到南国独特的冰挂、雾凇景观。瀑布群的瀑水发源于广东第二峰发财岭,在落差近500米的深壑幽谷中跌宕而下,形成近百条大小瀑布。

以"幽峡、碧潭、奇石"著称的亲水谷、号称"广东屋脊"的石坑崆,也是南岭国家森林公园的必游景点。

- 📍 **地址:** 韶关市乳源自治县大桥镇
- ⚠ **开放时间:** 8:00~17:00
- ⚠ **推荐景点:** 小黄山、瀑布群

七星岩

　　七星岩以喀斯特熔岩地貌的岩峰、湖泊景观为主要特色，因七座排列如北斗七星的石灰岩岩峰巧布在面积达6.3平方公里的湖面上而得名。七星岩景观立体。爬上天柱岩或石室岩，能360度环视整个湖面。

　　位于景区中心湖南部的七星岩牌坊，钢筋混凝土仿古建筑，中门上方镶嵌着朱德于1959年手书的"七星岩"三个大字，为肇庆的重要标志物。七星岩摩崖石刻位于景区中心，是广东省保存最多、最集中的石刻群。石室洞历史悠久，当中最有名的石刻要属唐李邕的《端州石室记》。莲湖泛舟，如在画中游。

- 地址：肇庆市端州区
- 开放时间：7：30~17：30
- 推荐景点：中秋节期间，日落时游仙女湖可观赏到"卧佛含丹"的奇景

南澳岛

　　南澳岛地处亚热带,冬暖夏凉的海洋性气候十分宜人,年平均气温只有21.5℃,是避暑消夏的好地方。岛上空气清新,没有各类污染工业,每立方厘米空气含负离子4000个,高于一般城市10至20倍。

　　岛上除留有长山尾炮台、总兵府、雄镇关等古迹之外,还建有黄花山国家森林公园、青澳湾旅游区,风光秀丽,峰峦千姿百态、造型奇特,曾被《国家地理杂志》评为"广东最美的岛屿"。青澳湾在众多海滩中最为靓丽,海如平湖、湾似新月,绵延沙滩2400多米。

📍 **地址**：汕头市南澳县

海陵岛

海陵岛以"南中国海边的明珠"和"阳光、沙滩、海水的完美结合"之美誉,被评为"中国最美十大海岛之一"。

海陵岛最吸引人的是被称为"水晶宫"的广东海上丝绸之路博物馆,馆内陈列的"南海一号"是我国近年水下考古的重大发现,"其价值堪比西安秦兵马俑"。除了海上丝绸之路博物馆之外,大角湾、马尾岛、十里银滩、金沙滩这四大海滨浴场是海陵岛最知名的。其中,大角湾滩也是国家4A旅游景区。各景点还先后开发了冲浪、水上快艇、碰碰车、骆驼沙滩游、激光射击、情侣车、升空伞、沙滩骑马、沙滩足球、海上水球、沙滩文艺表演等项目。

📍 **地址**:阳江市海陵岛闸坡镇

⚠ **打卡拍摄点**:角湾弄潮、神前湿地、鹅岭飞霞、牛塘碑林等

上下川岛

位于台山的上川岛、下川岛因与美国夏威夷岛地理纬度大致相近，海岛风光也如夏威夷岛般美丽诱人，于是有"东方夏威夷"的美誉。两岛的地理环境独特，具有浓郁的岭南民俗和绮丽的海洋风情，还有神秘的宝藏传说。两岛毗邻相望，最漂亮的海滨浴场是南澳湾的王府洲旅游度假区，沙滩长达1600多米，并有登高石、音响石、龙床等石景，还有"七星伴月"和"海风椰韵"等景致。踩着沙质优良的天然海滩，游客可观赏温婉秀丽的海湾和引人入胜的古迹，探索茂密的原始生态林。烂漫的山花、斑斓的蝴蝶、清脆的鸟鸣、可爱的猴子，以及旖旎的离岛和天然深水良港，都是来两岛游玩不可错过的景观。

◎ **地址**：江门台山市川岛镇

⚠ **建议**：来这里荷包不妨塞满一些，岛上所有的设施都是吸金利器

南岗千年瑶寨

千年瑶寨是目前所存为数不多的古老原始瑶寨之一。寨内有古典的建筑民居群落、原始的竹笕供水系统、集体议事场所、瑶老制、古盘王庙、龙文化、太平天国遗迹等,反映了连南瑶族甚至中国瑶族古老悠久的瑶族传统文化。

瑶寨建于宋代,至今已有千余年的历史。瑶寨依山而建,房屋层叠,错落有致;石板道纵横交错,主次分明。古寨的瑶族耍歌堂、长鼓舞被列为国家级非物质文化遗产,千年瑶寨也有"中国瑶族第一寨"的美誉。

📍 地址:连州市连南瑶族自治县南岗镇

⚠ 打卡拍摄点:9:00~17:30

TOP2 活力商都：世界级都市圈走一遍

潮州宋代笔架山窑　徐闻古港

横琴长隆海洋度假区

沙面　南海神庙　粤海关博物馆

广州十三行　揭阳惠来沿海海丝遗迹

锦纶会馆

东澳岛　广州邮政博览馆

大鹏半岛　放鸡岛　南海一号

粤港澳大湾区

72小时过境现在已成明日黄花,取而代之的是144小时的过境免签。从前只够在广州逛逛,现在可以更好地踏上粤港澳大湾区的休闲之旅。

粤港澳大湾区由香港、澳门两个特别行政区和广东省广州、深圳、珠海、佛山、惠州、东莞、中山、江门、肇庆(珠三角)九个地市组成,总面积5.6万平方公里,是中国开放程度最高、经济活力最强的区域之一,在国家发展大局中具有重要战略地位。

湾区内的城市有着丰沛的旅游资源和深厚历史文化底蕴,未来要建设成世界级旅游目的地。

横琴长隆海洋度假区

珠海长隆国际海洋度假区地处横琴新区,是以海洋为主题的大型休闲乐园。园中容纳众多海洋珍稀动物,其中鲸鲨馆是世界上最大的海洋鱼类展览馆,内装世界上最大的亚克力玻璃,可全方位展示多达15000条的珍奇鱼类,如魔鬼鱼、鲨鱼、海龟等。还有众多顶级游乐设施,如亚洲第一台飞行过山车,其轨道全球最长;亚洲第一台水上过山车等。

随着港珠澳大桥的通车,横琴即将成为国际休闲旅游岛,珠海长隆将成为"世界级民族旅游品牌"。

◎ **地址**:珠海横琴新区
⚠ **开放时间**:9:30~17:30

东澳岛

东澳岛位于珠海市香洲区东南部,岛屿四周海域水质清澈,毫无污染。岛的东部有建于清乾隆年间的古堡建筑,密林中隐著"万海平波"等石刻,中部有汉白玉送子观音像和送子仙泉。作为大湾区开发的国际性的旅游岛之一,其被《人民日报》推荐为全国30个赏春佳处。

岛上保留了较为原始的自然风貌,游览时有探访桃源的感觉。斧担山登高,蜜月阁眺海,大竹湾听涛,东澳湾观日,构成了东澳岛绚丽的自然风光。南沙湾新石器时代遗迹,铳城的残墙,烽火台遗址,"武当胜景"的石刻,无一不体现了东澳悠久的历史。

地址:珠海市香洲区万山镇东澳村

大鹏半岛

静享一片静谧海天,独处一处阳光暖舍,挥霍一段惬意时光,遇上一片美丽花海,是大鹏半岛给人的第一感受。

大鹏半岛东临大亚湾,西抱大鹏湾,海域面积305平方公里,海岸线长133.22公里,深圳56个沙滩中54个在此。这里森林覆盖率达76%、野生植物种类占深圳的70%……这里不仅是深圳的"生态特区",也是粤港澳大湾区的"生态后花园"。

鹿嘴山庄位于大鹏半岛南澳杨梅坑片区,三面海水环抱,山林茂密,树影婆娑,海风轻柔,海滩弥漫的温馨与浪漫是别的去处难以企及的。这里是深圳的最东端,很多人来这里就为了观看和拍摄深圳的第一缕阳光。

大鹏半岛核心处的鹏城村,还坐落着深圳唯一国家级的文物保护单位——大鹏所城。"鹏城"的由来即来源于这座始建于1394年的卫所。

半岛上的七娘山,是华南沿海地区"燕山运动"留下的一个典型的火山岩喷发地。地质专家认为,该区域可以建成为具有典型地质意义和景观意义的国家地质公园。

岛上的西冲海滩有着清澈的海水,洁净的沙滩,海岸边土地开阔平坦,近在咫尺的蚊帐山林密叶茂,是中国最美丽的八大海岸线之一。

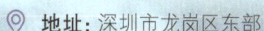

地址:深圳市龙岗区东部

放鸡岛

传说这个地方,每次渔民要出海就会放生一只公鸡来积德,也保佑渔民出海平安。这个地方就是放鸡岛。放鸡岛位于广东省茂名市电白区博贺镇东南14.5公里的岛屿,自然风光秀丽,天然景物奇异多姿,山清水秀,林密石奇,有山的雄伟,又有海的壮观,它是集奇、壮、古、秀、阔、幽、乐为一体的旅游景区。

放鸡岛的海水以水清,能见度高而出名,所以在这里潜水可以观赏到丰富的海底生物,与大海来个亲密接触。在放鸡岛潜水主要有体验潜水和海外船潜,大家可以根据自己的喜好进行选择。浅水潜:浅水区像一整块淡绿色的翡翠,人穿梭其间,与那片淡绿相互映衬。深水潜:深水区里一丛丛的红珊瑚、蓝珊瑚会把你的目光深深地吸引住,一群大大小小的鱼儿旁若无人地在你身边游荡,带着花纹的海胆和巨大的海参钻在海底石缝中纹丝不动。

由于海水能见度高,周围海域的海底资源保存最为完整,放鸡岛被称为"广东第一潜水胜地"。

地址: 茂名市电白区东南14.5公里

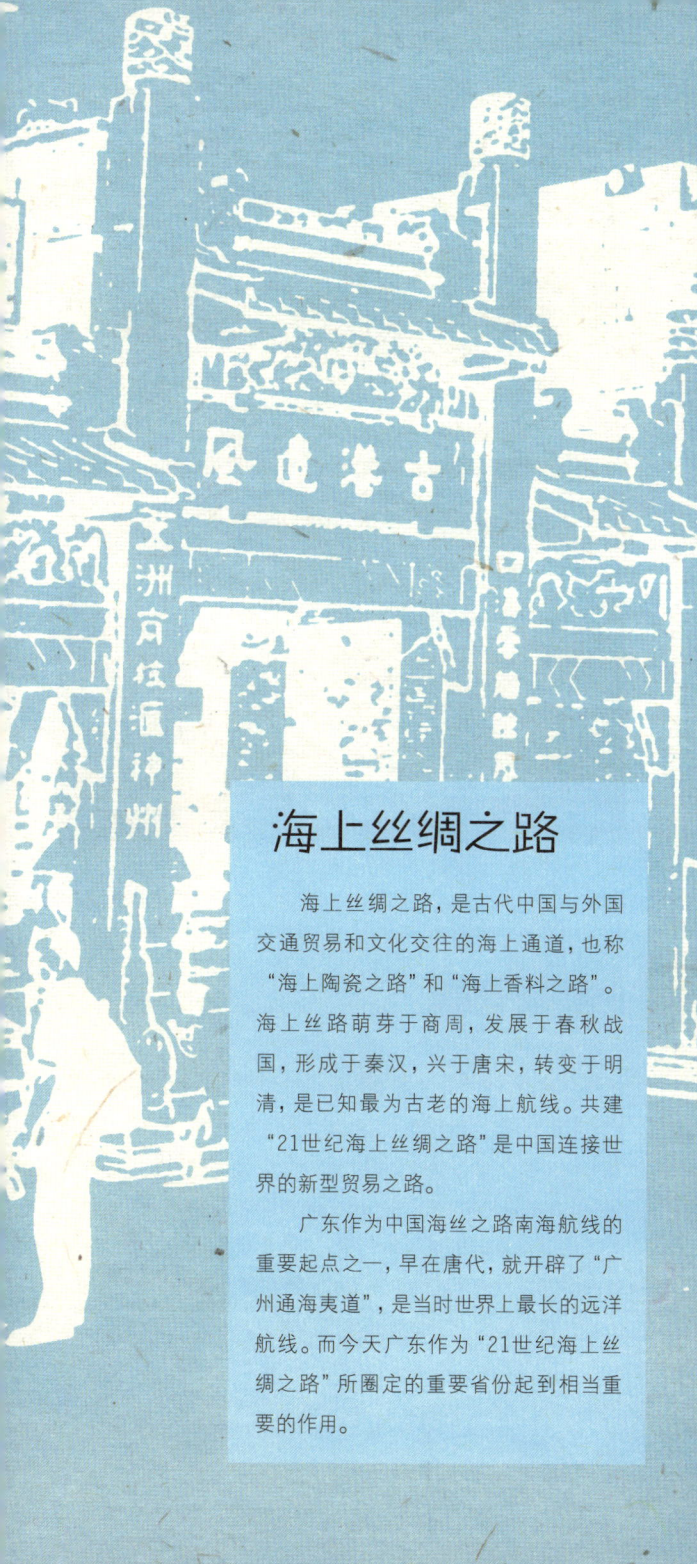

海上丝绸之路

　　海上丝绸之路,是古代中国与外国交通贸易和文化交往的海上通道,也称"海上陶瓷之路"和"海上香料之路"。海上丝路萌芽于商周,发展于春秋战国,形成于秦汉,兴于唐宋,转变于明清,是已知最为古老的海上航线。共建"21世纪海上丝绸之路"是中国连接世界的新型贸易之路。

　　广东作为中国海丝之路南海航线的重要起点之一,早在唐代,就开辟了"广州通海夷道",是当时世界上最长的远洋航线。而今天广东作为"21世纪海上丝绸之路"所圈定的重要省份起到相当重要的作用。

南海一号

"南海一号"是中国迄今为止发现的年代最早(南宋初期)、船体最大(长30.4米、宽9.8米、高4米)、文物储存最多(超过8万件,价值超千亿美元)的远洋贸易商船,是一艘800年前通过海上丝绸之路向外运送瓷器的沉船。它的整体打捞,曾是中国考古史上的一件大事,如今它静静安放在广东海上丝绸之路博物馆的水晶宫中。

地址:阳江市海陵岛试验开发区

开放时间:9:00~17:30

广州十三行

广州是中国海上丝绸之路的重要港口。十三行独揽海上中西贸易80多年,是广州和当时的中国的一张重要的名片。如今十三行已经成为广州城市文化名片之一。记录十三行历史的十三行博物馆位于广州文化公园展览中心。走进博物馆,就仿佛走进了清代一口通商时期的广州。馆中文物达1600多件,包括彩瓷、通草画、广绣、象牙器、漆器等,既见证了清代广州的繁荣以及市井百姓的生活面貌,又为研究十三行历史文化提供了素材。

十三行周边其实是一个大的海上丝绸之路博物馆。向西,曾是广州重要的商埠的沙面,保留了当时重要的建筑,成为研究近代史和租界史的重要的场所。康王路边上的锦纶会馆,是

清朝至民国时期广州丝织行业会馆。会馆的建筑带有很强烈的岭南风格。会馆遗存的22块碑刻，提供了很多关于会馆的珍贵史料，其中包括孙中山的"永远不得别立名目"的指示。沿江西路上的广州邮政博物馆面向珠江，西接海关大楼，东邻南方大厦，与相邻的爱群大厦组成珠江沿江路最亮丽的一道风景。邮政大厦始建于1916年，其前身是当时国民政府的广东邮务管理局，80多年来一直是广州邮政的办公大楼。

南海神庙

　　南海神庙历史悠久,是我国古代海神庙中唯一遗存下来最完整、规模最大的建筑群,也是西汉以来海上丝绸之路发源于广州的重要见证。

　　神庙供奉着南海神祝融塑像,门前立有"海不扬波"石牌坊,还有韩愈碑、明洪武碑、康熙"万里波澄"碑等45块碑刻,故有"南方碑林"之称。庙中还保存汉代和明代的铜鼓和制钟,以及南海神玉印等重要文物。几株百年木棉树、相思树立于庙周边。这里存放的汉代铜鼓是中国现存三大铜鼓之一。庙西侧有古名章丘的小山丘,昔为观海上日出之地,建有浴日亭,单檐歇山顶,梁架简洁。每年农历二月十一至十三日,此地都会举行盛大的波罗诞。

○ **地址**:广州市黄埔区南港镇庙头村
⚠ **开放时间**:9:00~16:30

惠来沿海海丝遗迹

惠来县是粤东古邑,揭阳市辖县,位于广东东南沿海,潮汕地区南部,是揭阳市唯一的沿海县。因得天独厚的海域优势,惠来在历史上是海上丝绸之路的重要节点,是"惠州来潮第一都",是粤东地区重要的对外贸易门户,海运发达,商贸繁荣,艟艨云集。

位于惠来县城南部的神泉港,在明代初期,渔业、造船业、商贸逐步形成之时,就经常停泊江浙闽等商船,船只进出港口频繁,成为潮汕物资集散地。潮汕内陆出产的红糖、茶叶、夏布、抽纱、萝卜干、玉器、陶瓷等,大多从这里出口到东南亚地区及香港特别行政区一带,并从南洋进口木材、橡胶等原材料进入内地。

在神泉城内的广利王庙,就是古时船员供奉南海广利王,为祈祷风平浪静,航行顺利而修建的。位于靖海港西南处石碑山上的灯塔,历来是海上航行和渔民归航的重要标记,它不仅是惠来一个标志性建筑,更是揭阳市"海丝"建设的一座重要航标,素有"亚洲第一灯塔"美称。

此外,惠城北面水尾潭山出土的西汉五铢钱、前詹港海滩下发现的东汉铜鼓、澳角白虎头埔出土的宋碑、溪西西湖村出土的明代关防、靖海东光村的糖厂遗址以及用南运大理石建设的祠堂等,都见证了惠来古代海上贸易的鼎盛,闪耀着古代中国海上丝绸之路的文明之光……

徐闻古港

徐闻古港地处中国大陆的最南端,被誉为"东方的托斯卡纳",同时也是海上丝绸之路始发港,拥有厚重的历史文化渊源,丰富的自然资源,幽雅的自然风光,独异的民族风情。

汉代古港生活遗址区,呈布条状分布,现存汉至清代文物遗址出土文物有"万岁"瓦当、乳点纹板瓦、绳纹板瓦、龟纽"臣因私印"、陶器等。海上三岛连环,是徐闻古港门户。位于五里乡仕尾村北仕尾岭高崖上的八卦航标灯座,临海湾不足10米,以一天然巨石雕琢而成,呈八角形,径2米,深40厘米,八角均饰八卦纹,为典型的汉唐代导航灯座。

地址:湛江市徐闻县

笔架山窑

笔架山窑场地处潮州城区韩江东岸,是宋代青白瓷窑系中的一个重要窑口,长达150年窑火兴旺,是中国东南沿海最重要的外销窑场之一,为宋代海上丝绸之路提供最重要的商品。产品种类繁多,主要有碗、盒、盏、灯、炉、杯、壶、盂、豆、釜、洗、枕头、粉盒等日用器皿和瓶器、人物、玩具等工艺瓷,其胎质坚密,别具一格。釉色以影青釉为主,兼有青、白、黄、酱褐釉等,釉质晶莹润泽、如银似玉。

地址:潮州市湘桥笔架山西麓

TOP3 广府、潮汕、客家：南北交融的岭南文化

大埔围屋

中国客家博物馆　牙雕

玉雕　　林寨古村

陈家祠　广彩

广绣　　西汉南越王墓博物馆

前美村

木雕　潮州古城

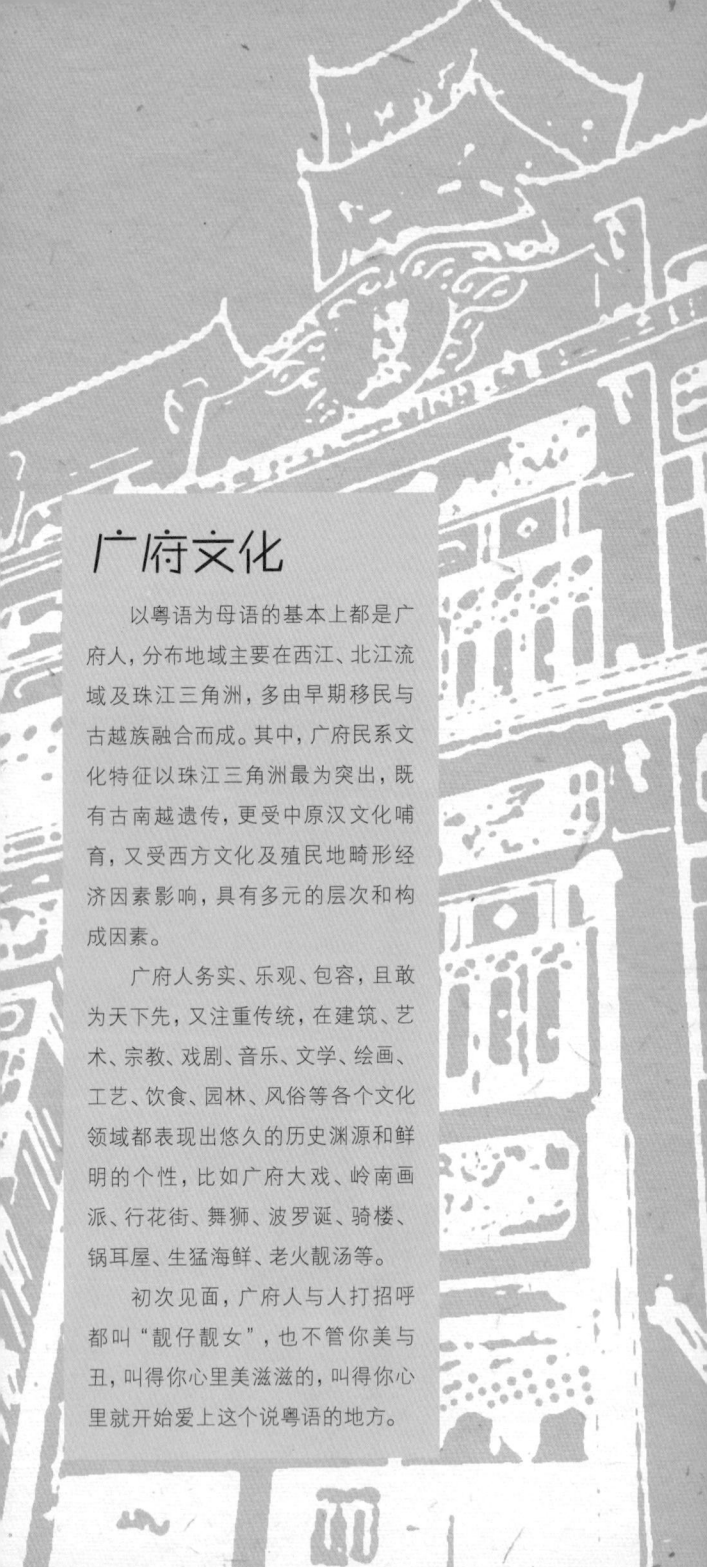

广府文化

以粤语为母语的基本上都是广府人,分布地域主要在西江、北江流域及珠江三角洲,多由早期移民与古越族融合而成。其中,广府民系文化特征以珠江三角洲最为突出,既有古南越遗传,更受中原汉文化哺育,又受西方文化及殖民地畸形经济因素影响,具有多元的层次和构成因素。

广府人务实、乐观、包容,且敢为天下先,又注重传统,在建筑、艺术、宗教、戏剧、音乐、文学、绘画、工艺、饮食、园林、风俗等各个文化领域都表现出悠久的历史渊源和鲜明的个性,比如广府大戏、岭南画派、行花街、舞狮、波罗诞、骑楼、锅耳屋、生猛海鲜、老火靓汤等。

初次见面,广府人与人打招呼都叫"靓仔靓女",也不管你美与丑,叫得你心里美滋滋的,叫得你心里就开始爱上这个说粤语的地方。

西汉南越王墓博物馆

南越王墓是西汉初期南越国第二代国王赵眜（南越王赵佗之孙）的陵墓，亦是我国迄今发现年代最早的彩绘壁画石室大墓，被誉为近代中国五大考古新发现之一。代表文物有"文帝行玺"金印和"丝缕玉衣"。其中"镇墓之宝"——"文帝行玺"金印更是我国考古发掘出土的第一枚帝印。南越王墓博物馆是以古墓为中心依山而建的独具岭南风格的现代建筑，设计者是院士何镜堂——他的设计代表作是2010年上海世博会中国馆。

- 地址：广州市解放北路867号
- 开放时间：9：00~17：30

陈家祠

　　陈氏书院,俗称陈家祠,被誉为"百粤冠祠",是广东现存祠堂中规模最大、保存最完整、最富岭南特色的艺术建筑群。

　　陈家祠始建于清光绪十四年(1888年),占地15000多平方米,三进六院落,9座厅堂,10间厢房,集岭南历代建筑艺术之大成,是广州非物质文化遗产的"大本营",如广绣、灰塑等。另有"三雕"(石雕、木雕、砖雕)、"三塑"(陶塑、灰塑、彩塑)和铁铸、彩绘等装饰艺术闻名于世。

◎ **地址:**广州市中山七路恩龙里34号

⚠ **开放时间:**8:30~17:30

三雕一彩一绣

作为传统文化保存完好的大省,具有鲜明的岭南特色的传统民间工艺不得不提。当中首推驰名海内外的"三雕一彩一绣",即牙雕(包括骨雕)、玉雕、木雕和广彩、广绣,这些工艺在清代就扬名海内外,极具广州特色。

广州牙雕工艺有悠久的历史。镂雕逐渐成为广州牙雕工艺最具特色的技艺。广州牙雕的品种有象牙球、画舫、人物、笔筒等。其中以象牙球最有名。

广州人特别喜爱玉,认为其有寓意吉祥、定惊避邪和脱难消灾之功效。广州玉雕至今有一千多年的历史,主要品种有首饰品和摆设品两大类。其中玉球最有特色。广东的玉雕的生产地除了广州以外,还有佛山、阳美等地。

岭南传统建筑中,别具特色的是精彩瑰丽的木雕。广东省木雕行业最有代表性的莫过于广州的金漆木雕和潮州木雕。潮州金木雕主要用于挂屏、座屏等装饰陈设品,以花鸟鱼虾为主要题材,内容丰富

多彩。广州地区金木雕主要用于建筑物的装饰,特点是刀法利落、流畅、雕塑感较强,适合于高、远的视距欣赏。

广彩最早起源于康熙年间,曾是我国重要的出口商品之一。广彩色彩绚丽,构图严谨,绘工精细,与景德镇粉彩、醴陵釉下彩、唐山喷彩齐名。广彩的实用性强,可以用作花瓶、茶具、餐具,甚至凉墩、台具等,几乎是你能想到的器物都可以用广彩装饰起来。

广绣与苏绣、湘绣、蜀绣并誉为中国"四大名绣"。广绣具有构图饱满、形象传神、纹理清晰、色泽富丽、针法多样、善于变化的艺术特色。常见的广绣品种包括刺绣字画、刺绣戏服、珠绣等。

广东省国家级非物质文化遗产

民间文学：

澄海灯谜、雷州歌

传统音乐：

梅州客家山歌、中山咸水歌、岭南派古琴艺术、佛山十番音乐、广东音乐、潮州音乐、广东汉乐、惠东渔歌

传统舞蹈：

人龙舞、汕尾滚地金龙、埔寨火龙、荷塘纱龙、乔林烟花火龙、醉龙舞、香火龙、广东醒狮、湛江傩舞、普宁英歌、朝阳英歌、甲子英歌、樟木头麒麟舞、大船坑舞麒麟、坂田永胜堂麒麟舞、沙头角鱼灯舞、禾楼舞、蜈蚣舞、三灶鹤舞、瑶族小长鼓舞、跳花棚

传统戏剧：

　　潮剧、正字戏、粤剧、西秦剧、白字戏、花朝戏、陆丰皮影戏、高州木偶戏、潮州铁枝木偶戏、五华提线木偶戏、广东汉剧、雷剧

传统体育、游艺与杂技：

　　蔡李佛拳、赛龙舟

曲艺：

　　龙舟说唱、潮州歌册、粤曲、木鱼歌

传统医药：

　　平乐郭氏正骨法、潘高寿传统中药文化、陈李济传统中药文化

传统美术：

佛山木版年画、广东内画、广东剪纸、粤绣、象牙雕刻、潮州木雕、大吴泥塑、佛山彩灯、潮州彩灯、东莞千角灯、雷州石狗、广州玉雕、阳美翡翠玉雕、广州榄雕、佛山狮头、灰塑、嵌瓷、新会葵艺、英石假山盆景技艺、瑶族刺绣、抽纱

传统技艺：

石湾陶塑技艺、广式硬木家具制作技艺、端砚制作技艺、凉茶、枫溪瓷烧制技艺、广彩瓷烧制技艺、香云纱染整技艺、白沙茅龙笔制作技艺、龙舟制作技艺、安琪广式月饼制作技艺、潮州彩瓷烧制技艺、陶瓷微书

民俗：

佛山秋色、瑶族盘王节、小榄菊花会、瑶族耍歌堂、洋村灯会、佛山祖庙庙会、南朗崖口飘红、台山浮石飘色、吴川飘色、河田高景、斗门水上婚嫁习俗、潮州工夫茶艺、装泥鱼习俗、寮步香市

潮汕文化

如果说四川是天下盐，那么潮汕就是广东的盐，潮汕人被誉为"中国的犹太人"，他们一方面保留了中华传统文化的优秀基因，刻苦耐劳、注重义气、家族为上、士绅领驭；另一方面又充分吸取了海洋文化，敢闯敢干，从士多或者小事做起，走出张弼士、李嘉诚、马化腾、黄光裕等大咖。

潮汕人因为文化底蕴比较深厚，因此热爱生活，将日子过得有滋有味。他们爱喝茶，名曰工夫茶，讲究杯具精美和韩信点兵、关公巡城的仪式感，无论多少人一块喝，只备用三个杯，为的是大家加强沟通和交流。潮汕靠海，有一句话经常挂在嘴边，"你已经好久没听过潮声了吧"，他们热爱海，以妈祖为崇拜。

潮汕人在经商上精打细算，家居环境上则精雕细琢，岭南的潮汕建筑工艺闻名中外，潮州古城、前美村等都是佐证。另外，精细的潮州菜，精美的潮州瓷器、潮绣、潮剧，美轮美奂的石雕、砖雕、灰塑、金漆木雕等，无不是今日"潮汕游"最后的注脚。

潮州古城

潮州古城是粤东最为著名的国家历史文化名城，始建于唐代，现已形成一条靓丽的古城风景线，素有"海滨邹鲁"与"岭海名邦"之美誉。潮州有"三山一水绕城郭"的自然景观，有"潮州地标"——广济桥；有始建于北宋为纪念韩愈的祠宇——韩文公祠；有潮汕最早的府第式建筑许驸马府；有集潮州木雕之大成的己略黄公祠；有被称为"粤东第一丛林"的开元寺；有潮州香火最盛的青龙古庙，有始建于元朝的天后宫；还有周总理办公过的涵碧楼。除此之外还有著名的潮州新旧八景，如坊街亭韵、绿岛晴岚、桑浦禅泉、柘林渔火等。

📍 **地址**：潮州市湘桥区

前美村

前美村,始建于元朝,是一个拥有丰富的历史建筑遗存和古朴的农耕自然环境的古村落。其因有"岭南第一侨宅——陈慈黉故居"而闻名。陈慈黉故居建筑风格中西合璧,以传统的"驷马拖车"糅合西式洋楼,点缀亭台楼阁,被誉为"小故宫"和"南国大观园",是广东省省级文物重点保护单位。村中还有一个古老村寨,名永宁寨,是该村先祖陈廷光于雍正年间创建的,是澄海区现存稀有古建筑之一。

地址:广东省汕头市澄海区隆都镇

客家文化

客家是岭南汉族中较为特殊的民系。因入粤较晚,已被广府人与潮汕人占据富庶的平原,所以不得不与瑶族等少数民族混居在内陆山地,形成"逢山必有客,无客不住山"的情形。客家人是广东人中最为固守中原传统文化的。

客家人的家族观念特别强,主要体现在两个方面:一是家族合居的土楼、围楼;二是祠堂设施的完善和族谱的连续修撰。大埔围屋花萼楼以及方形泰安楼都是客家围屋的代表。另外,客家人喜欢唱山歌,即兴编唱,善用比兴,被称为"有《诗经》遗风的天籁之音"。对于广东来说,客家姑娘的口碑仅次于潮汕姑娘,客家姑娘多情又勤劳,假如你到来,说不定在月光下会听到山歌一首:"入山看见藤缠树,出山看见树缠藤,藤生树死缠到死,树生藤死死也缠。"

中国客家博物馆

博物馆位于客家公园内，外观为圆形客家土楼造型，气势宏伟。一进博物馆大门，一个大大的"𠊎"（客家方言，即"我"的意思）字散发出浓浓的客家味。走上二层展厅，耳边响起清脆悦耳的客家童谣，通过观赏有汉唐遗风的梅州山区家传服饰、古朴典雅的客家围龙屋模型等，感受客家民系"崇文尚武"和"爱家报国"的思想。另外，除主馆外，还有包括以人境庐为主体的黄遵宪纪念馆在内，如大学校长馆、将军馆、客家匾额馆、华侨馆、梅州名人廉吏馆等卫星馆，这些展示共同构成客家文化整体性生态博物馆网络。

地址： 广东省梅州市梅江区东山大道2号

开放时间： 9:00~17:00，每周一（国家法定节假日除外）闭馆

大埔围屋

来大埔，看围屋。大埔的围屋是世界民居建筑的一大奇观。

花萼楼和泰安楼是大埔围屋的典型代表。花萼楼设计精巧、结构独特，显示了客家人圆满、团结、平均、平等的生活理念，是目前广东土围楼中规模最大、设计最精美、保存最完整的民居古建筑，被评为"粤东最上镜土楼"。而中央电视台先后在花萼楼拍摄了《客家人》等电视剧。泰安楼与一般圆形的客家土楼不同，平面呈四方形，形成一种"楼中有屋、屋外有楼"的奇特景致。

地址：梅州市大埔县

开放时间：8：00~17：30

林寨古村

拥有"全国最大四角楼古建筑群",现仍有保存完好的典型客家风格的四角楼24座,其建筑艺术的精湛、文化底蕴的深厚,在全国实属罕见。

古村的村郭城墙环成船形,立有东、西、南、北四门,门前有五口池塘,两边有护城河,四周碧水绕环。古村内有古巷、古井、古墙、古道、古寺、古亭、古桥、古树等"老八古"文物旧址。古村中最负盛名的客家民居要数"谦光楼"。谦光楼建于1920年,现辟为"民俗馆"。乡间有盛演粤剧、赛龙舟、舞龙舞狮、席床生日节等习俗,在此可体验典型的客家文化。

> **地址:** 河源市和平县林寨镇兴井村内
> **开放时间:** 9:00~18:00

TOP4 基上采桑基下捉鱼：体验岭南古村的农家乐

也许是岭南自古偏居一隅，受战争侵扰较少，岭南至今仍保存着大量风貌质朴的村落，包括广府骑楼、潮汕厝、客家围屋、蚝仔屋、锅耳房等。

探寻古村落，也许你会发现一些有趣的现象：一是除了南雄珠玑巷和龙川佗城有100多个姓外，岭南现存的古村落大部分都是一村一姓或者一村两姓；二是广府民居文化的核心仍是传统的中原遗风，能传承至今的古村落大多是有着诗书传家、入仕为官的历史故事；三是这些古村落大多是呈"梳式"布局；四是它们由北向南、由东向西，呈现出一种客家民居文化向广府民居文化的渐进。

尤其在珠三角，在桑基蔗基鱼塘和清清小溪的旁边，有非常多的美丽乡村，比如小洲村、黄埔古村、逢简古村等。

上岳村

上岳村始建于宋代,是一座拥有720多年历史的古村落,已被评为省级文物保护单位和广东省十大最美乡村之一。上岳村主要有十八里,其中相连在一起的上归仁里、中归仁里、下归仁里是保存最为完好的古建筑群。下归仁里的泗美楼,亦称银庄,是村里最坚固的建筑,其目的是防止盗匪、保护村庄。

村内现居住的村民大都是南宋名将朱文焕的第32代子孙。村内小路由麻石铺就,家家户户都是雕梁画栋、青砖黛瓦,建筑风格属于明清岭南风格。特色"锅耳墙",在元明清时代,这是官职的象征,锅耳的高低也代表着官位的大小。

地址:清远市佛冈县龙山镇

民俗观赏:正月十七的"抢花炮"、6年一次的秋收"神工戏"、每逢节气祭日时的"祭井神"

满堂客家大围

　　围楼是客家民居最有特色的建筑之一,是中国民居建筑中"方围"系列的杰出代表,以"岭南第一围"之美誉闻名于世。

　　满堂客家大围始建于清代,其建筑既有古代雄浑朴实的气势,又有近代精致高雅的韵味。大围由上、中、下三个小围楼连接构成,中间楼高,另两座稍矮的围楼拱卫前后。整个大围楼用料十分考究,墙体的青砖经人工磨制,显得光滑规整。走廊和庭院的地面用河石铺砌成花朵和各种图案,显得典雅别致。门窗、家几上雕刻着花鸟、动物等图案并贴上亮闪闪的金箔,显得雍容华贵。

- **地址**:韶关市始兴县隘子镇
- **推荐季节**:冬季到客家围屋可体验传统民俗
- **周边景点**:深渡水瑶族乡、车八岭自然保护区

沙湾古镇

　　沙湾古镇是岭南文化古镇，始建于南宋，至今有800多年历史。古镇物质文化遗产和非物质文化遗产资源丰富，大量祠堂、庙宇等古建筑和商业遗址、民居遗址保存完整。

　　沙湾古建筑群体丰富，极具岭南风格和特色；木雕、砖雕、石雕和灰塑，巧夺天工。还有一批颇具历史价值的文物古迹。沙湾拥有国家级非物质文化遗产狮舞、广东音乐，省级非物质文化遗产沙湾飘色、砖雕。

📍 **地址：** 广州市番禺区沙湾镇

自力村及开平碉楼

开平碉楼是侨乡一带特有的乡土建筑群落,为侨乡文化的典型代表。2007年,其被正式列入《世界文化遗产名录》,是广东省第一个世界文化遗产。

碉楼始建于明代后期,是集防卫、居住、防洪于一体的多层塔楼式建筑。整体外观四四方方,下部完全是碉堡造型,上部则造型繁复、中西合璧,融合了巴洛克、罗马、拜占庭等多种风格。相较于外部的简约,碉楼内部就精致得多:一层为客厅、厨房、工人房和杂物间,二层以上是屋主的生活空间,每一层都根据屋主的喜好摆设,有中有西,常常是意大利的彩色玻璃、西式壁炉、拜占廷式的穹顶,堂屋正中摆着的是中式酸枝家具,混搭却又不失典雅大气。开平碉楼至今仍保留1000多座,最具代表性的碉楼有自力村的铭石楼、立园的毓培别墅、马降龙村的碉楼群等。

　　自力村,取"自食其力"之意,最早清代立村,世界文化遗产地之一,国家重点文物保护单位。

　　该村自然环境优美,荷塘、稻田散落其间,与众多的碉楼、居庐相映成趣,美不胜收。村内碉楼群以建筑精美、布局和谐、错落有致,成为开平碉楼兴盛时期的代表。铭石楼是自力村最具代表性的洋楼。

> **地址:** 开平市塘口镇
>
> **打卡摄影:** 登上云幻楼顶,拍摄挨在一起的居安楼和安庐

翠亨村

翠亨村，因附近山林青翠而得名，是中国民主革命先行者孙中山的故乡。

翠亨村西为群山起伏的五桂山脉，东临珠江，环境优美。村内名人遗址众多，主要包括孙中山故居、陈列馆、公园、翠亨宾馆和中山纪念中学。孙中山故居是由孙中山亲自设计，中西结合的赭色砖两层楼房。故居前有公园，故居旁有辅助陈列馆，馆名由宋庆龄亲笔题写，每年国内外会有大批游客前往参观游览。

地址： 中山市东南南节区南镇

天马村

　　天马村形成于明朝万历年间,历来有爱"鸟"的传统,不但部分古民居雕刻着鸟的图腾,而且在该村族谱上也记载着不准捕鸟和杀生的乡规民约。村中有一个天然的赏鸟乐园——小鸟天堂。语文课本中巴金的《鸟的天堂》便是描述此地。小鸟天堂位于天马河中间,其主体实际上是一棵长于明末清初的水榕树,水榕树的树枝垂到地上,扎入土中,成为新的树干,随着时间的推移,大榕树独自繁衍,遮盖全岛,林中栖息着成千上万只鸟雀。还有各种野生白鹭和灰鹭,白鹭早出晚归,灰鹭暮出晨归,相互交替,非常壮观。

地址:江门市新会区会城街道

TOP5 佛系·禅行：禅宗的朝圣路

"让内心去旅行"，通过向外世界的旅行回到内心，找回初心，发现内心的力量，这种类似于"禅行"的旅游方式越来越受喧嚣浮躁年代里的人们的追捧，而这种旅行方式的最好线路和目的地就在广东。

禅宗就是汉传的"释"，是中国本土化的佛教，始于菩提达摩，真正成家立派源于广东的六祖惠能。公元630年左右，六祖惠能从广东新兴出发，踏上了求佛之路，后得大法，在广州的光孝寺佛法初阐，在韶关的南华寺放大成家，"一花开五叶，结果自然成"，禅宗成了中国的本土宗教。

国恩寺

国恩寺,是"岭南第一圣域",省级文物保护单位,始建于唐代。

国恩寺既是六祖肉身菩萨的故居,又是六祖弘法、示寂以及辑录六祖"法宝坛经"的圣地。国恩寺与广州光孝寺和曹溪南华寺鼎足而立,并称"六祖三大祖庭"。国恩寺寺庙依山而建,规模宏大,至今仍保持唐代寺庙的建筑风格。寺内主要景点有:二十罗汉、佛宝舍利、父母坟等,藏有隋唐时期的鎏金素面圈足铜圆盒、鎏金提梁水罐、鎏金铜棺、水晶球、"五铢"和"开元通宝"铜钱等,舍利则供奉在舍利殿,让广大信众瞻仰。

◎ **地址**:云浮市新兴县六祖镇龙山脚下

六祖寺

六祖惠能寺,原寺始建于唐代,距今已有一千三百多年的历史。

寺庙四面环山,山势峻峭,景色宜人。与六祖惠能寺相邻的山间,还有"六祖惠能池""佛堂顶""仙人路""烂布衣"等与六祖惠能当年行迹有关的地名和山名。2001年,新六祖惠能寺建成。

◎ **地址**:肇庆市四会贞山风景旅游区内
⚠ **开放时间**:6:00~18:00

南华禅寺

南华禅寺,又叫南华寺,始建于南北朝梁武帝天监元年(502年)。南华寺是禅宗六祖惠能弘扬"南宗禅法"的发源地,中国佛教名寺之一,为国家重点寺院。

寺内的六祖真身像是南华寺最珍贵的文物,供奉在六祖殿内。木雕五百罗汉造像是中国现存唯一的宋代木雕五百罗汉群像。还有罕见的唐代传世刺绣千佛袈裟,经考证是唐中宗赐给六祖惠能法师的。除此之外,南华寺还有武则天圣旨、唐代花缎袜、六祖坠腰石、唐代铁质观音殿、天人像、释迦牟尼像、明代四大天王木雕、清代五百罗汉瓷瓶、明代金书《华严经》残卷等文物。

地址:韶关市曲江区

开放时间:08:00~17:00

庆云寺

庆云寺,始建于明朝,光绪年间曾对该寺进行修葺,是广东四大名刹之一。

庆云寺是在莲花庵的基础上扩建而成的,规模宏大。建筑风格体现独特的东方艺术,质朴而宽宏,庄严而典雅,雄伟而肃穆。寺内有众多文物古迹,如舍利子、千人镬、大铜钟、白茶花树、平南王大法座等。

地址:肇庆市鼎湖山天溪山谷

开放时间:8:00~18:00

六榕寺

六榕寺与光孝、华林、海幢寺并称"广州佛教四大丛林"。

六榕寺始建于梁大同三年(537年),寺中宝塔巍峨,树木葱茏,文物荟萃,历史上留下不少名人的足迹。寺庙榕荫园内有六祖堂、观音殿、僧舍斋堂等。六祖堂内还供有禅宗第六代祖师惠能的铜像,法貌庄严,垂目坐禅,栩栩如生。

地址:广州市越秀区六榕路

开放时间:8:00~17:00

光孝寺

光孝寺,距今已有一千七百多年历史,是西汉南越王赵佗玄孙赵建德的府第。光孝寺是岭南历史最为悠久、影响最为深广、规模最为宏大的寺院。

光孝寺建筑结构严谨,殿宇雄伟壮观。寺内文物史迹众多,特别是珍贵的佛教遗迹遗物,如南朝时达摩开凿的洗钵泉,唐朝的瘗发塔、石经幢,南汉的千佛铁塔,宋明时期的六祖殿、卧佛殿以及碑刻、佛像、诃子树、菩提树等,都是难得一见的珍宝。

📍 **地址:** 广州市光孝路109号

⚠ **打卡摄影:** 6:00~17:00

云门寺

云门寺，被评为省级文物保护单位、省重点寺院，是佛教云门宗的发祥地，距今已有1000多年历史。

全寺由前殿、大雄宝殿、观音阁等三部分组成，自南而北排列在一条中轴线上。整座建筑物庄严而淡雅，独具岭南清秀风格，前殿为山门，山门右侧立龙王庙，左侧立土地祠。在大雄宝殿释迦牟尼的前面，有两尊小型的汉白玉佛像，一立一卧，用纯正的缅甸汉白玉雕刻而成，通体细滑，看上去如真人肌肤一般，为云门寺珍宝。殿内三面壁上是用陶瓷烧成的大型彩瓷佛画，长24米、高4米，是我国当前佛寺中独一无二的巨型彩色陶瓷壁画。

> **地址**：韶关市乳源瑶族自治县乳城镇
> **开放时间**：8:00~17:00

TOP6 星星之火可以燎原：这里是中国民主革命的发源地

翻开中国近代史这本大书，有不少对中国影响的人或事莫不与广东有关。广东一直是中国反对外来侵略和封建帝制的前沿阵地。我国近现代革命，从林则徐虎门销烟、三元里抗英斗争、洪秀全的太平天国，到康有为、梁启超的"戊戌变法"，策源地都是在广东。进入新民主主义革命时期后，还一度成为中国革命的中心。广州、中山、粤东、粤北等地，都曾在中国近代史上留下浓重的笔墨。

作为中国近代革命的策源地，广东红色革命历史跨度长、重要事件影响大，从中国共产党领导广州起义的英雄壮举，到红军长征在南粤大地播下的革命火种；从中共三大在广州的胜利召开，到珠江两岸涌起改革春潮，近百年间留下了数不胜数的红色资源，形成了"民族觉醒""红色革命"和"改革开放"三大红色核心主题，铸就了中央苏区红色土地、粤北红色堡垒、东江纵队抗战、爱国名人侨乡等红色旅游发展格局。

中共三大会址纪念馆

  1923年6月12日至20日,中国共产党第三次全国代表大会在广州召开,是迄今中国共产党唯一在广州召开的、具有重大历史意义的全国代表大会,对中国革命产生了巨大的影响。中共三大会议正式确定了共产党员以个人身份加入国民党,与国民党进行党内合作的策略方针,并由此开始了国共第一次合作。1979年,中共三大会址被列为广东省重点文物保护单位。

  中共三大会址纪念馆内有《中国共产党第三次全国代表大会历史陈列》、《春园故事——中共中央在春园》等固定陈列,充分展示了中共三大前后中共中央领导人在春园指导中国革命这段波澜壮阔的历史。

地址:广州市越秀区恤孤院路3号

开放时间:周二至周日9:00—17:30(17:00停止进场)。逢周一闭馆。

农民运动讲习所

农民运动讲习所是在第一次国共合作时期、农民运动蓬勃发展的背景下创办的，一所主要在中国共产党领导下培养农民运动骨干的学校。特别是毛泽东同志1926年5月3日在广州主办的第六届农民运动讲习所，不仅为我党培养了大批革命干部和农民运动的骨干，在全国播下燎原的革命火种，而且为我党第二次国内革命战争时期的红军大学和抗日战争时期的抗日军政大学、陕北公学等革命干部学校，积累了经验，开辟了道路。

农讲所的原址为明代建造的番禺学宫，始建于1370年。这座宏伟的古建筑从南到北由棂星门、泮池拱桥、大成门、崇圣殿和两侧东西廊庑等组成。纪念馆于1953年建立，并由周恩来同志题写了"毛泽东同志主办农民运动讲习所旧址"牌匾。纪念馆修复了当年的课室、膳堂、学员宿舍、教务部、值星室等。

📍 **地址：** 广州市越秀区中山四路42号

广州起义烈士陵园

　　广州起义烈士陵园是为纪念1927年12月11日中国共产党领导的广州起义牺牲的烈士于1954年修建的纪念性公园。

　　广州起义是创建人民政权的一次伟大的尝试，它与南昌起义、秋收起义连接在一起，是中国共产党独立领导战争和创造人民军队的伟大开端。整个公园的规划布局亦是围绕这一主题。其中广州起义纪念碑形式别具一格:在三块巨石中，伸出一只强而有力的巨手，紧紧握着一支系着红领巾的步枪。三块巨石上刻有四幅反映广州起义战斗场面的浮雕，庄严肃穆，令人有如回到当年峥嵘的革命岁月。

　　陵园正门石壁上所镌刻的"广州公社起义烈士陵园"为周恩来题写。广州起义纪念碑正面碑名是邓小平手书。纪念碑东面是圆形拱形的烈士陵墓。每当清晨，红日从墓后冉冉升起时，霞光溢流，绿草闪动着金色的光芒，似乎烈士的英魂正保护着这片大地。"红陵旭日"已被列为新羊城八景之一。

地址：广州市越秀区中山二路92号

黄埔军校

黄埔军校,全名为"中华民国陆军军官学校",是近代中国最著名的一所军事学校,被誉为近代中国的"西点军校"。

黄埔军校人才辈出,培养了许多在抗日战争和国共内战中闻名的指挥官,在中国近代史和军事史上具有重要意义。1988年黄埔军校旧址被定为国家级文物保护单位。现有军校正门、校本部、孙总理纪念碑、中山故居、俱乐部、游泳池、东征烈士墓、北伐纪念碑、济深公园、教思亭等十几处建筑。

地址:广州市黄埔区长洲岛
开放时间:9:00~17:00
(逢周一闭馆)

三元里人民抗英斗争纪念馆

三元里人民抗英斗争纪念馆，原为三元里村民供奉北帝的三元古庙，建于清初，全国重点文物保护单位。建筑面积446平方米，3间砖木结构建筑。馆内陈列三元里抗英的文物史料，系统地介绍三元里人民抗英斗争的史实，有三星旗、大刀长矛、伍紫垣印章、缴获的英军军服等文物与资料。

地址：广州市广园西路三元里村

黄花岗七十二烈士墓园

黄花岗七十二烈士墓园又称黄花岗公园,全国第一批重点文物保护单位,是为了纪念黄花岗起义中英勇牺牲的72位烈士而修建。除了七十二烈士墓之外,王昌、邓仲元、冯如、潘达微、史坚如等名人也安葬于此。

园内300多米长的层级主干道两旁苍松翠柏排列有序。正门牌坊上面镌刻着孙中山先生亲笔题词"浩气长存"4个大字。园内有墓亭、陵墓、纪功坊、记功碑等,还有黄花井、黄花亭、默池、四方池、八角亭、黄花园及网球角活动服务区。

**地址:** 广州市先烈中路79号

孙中山故居纪念馆

　　一座由屋主亲自设计和主持建造,后来成为人们来凭吊和怀念他的纪念馆,就是孙中山故居。故居建于1892年,是一栋西洋风格的两层建筑,内里巧妙设置了具有西方古典风格的7个拱门,十分别致。

　　现在的孙中山故居纪念馆建于1956年,是以孙中山故居为主体的人物类纪念性博物馆,是全国重点文物保护单位,包括孙中山故居、孙中山生平事迹展览和翠亨民居展览等,2008年被评定为首批国家一级博物馆。

📍 **地址:** 中山市翠亨村
⚠ **开放时间:** 9:00~17:00

鸦片战争博物馆

鸦片战争博物馆建于1985年,其前身为1957年建立的"林则徐纪念馆",是纪念性和古遗址相结合的专题博物馆。

博物馆由馆本部及沙角炮台管理所、威远炮台管理所3个部分组成。馆本部内庭院树荫浓密如盖,绿草茵茵。中轴线上依次矗立着虎门人民抗英群像、林则徐塑像、馆舍等。馆舍仿古炮台的立面设计雄伟庄严。院内南侧是当年林则徐销毁鸦片时所开挖的销烟池。馆藏文物中有一批抗英时用过的大炮、火药缸、火药埕、大刀、长矛及战争时缴获英军的洋枪、洋炮等。

📍 **地址:** 东莞市虎门镇解放路113号
⚠ **开放时间:** 8:30~17:30

广东东江纵队纪念馆

在中国的抗战历史中,有一支特殊的部队立下了辉煌战绩。这就是英雄的东江纵队。东江纵队与琼崖纵队与八路军、新四军并称为"中国抗战的中流砥柱"。

广东东江纵队纪念馆主体建筑具有抗战时期岭南客家村落建筑风格,主题陈列内容紧扣世界反法西斯战争和中国抗日战争、解放战争的历史背景,采用幻影成像、电子沙盘、模拟场景等现代化声光电陈列布展技术,融合地域特征的艺术效果,系统地展示了东江纵队为了民族的解放事业浴血奋战的光辉历程。

地址:东莞市大岭山镇大王岭村

叶剑英纪念馆

叶剑英纪念馆，建于1987年，坐落在叶剑英元帅故居的左侧。

外观呈几何构造，共分为4个展厅，第二展厅中，高10米、面积90平方米的巨型浮雕，题为"大地回春"。第三展厅中有浮雕《顶梁柱》，表现叶剑英元帅的英姿。展厅内还有叶剑英用过的汽车、劈刀、电话机等珍贵藏品。

地址：梅州梅县雁洋镇虎形村

彭湃故居

彭湃故居坐北向南,面临龙津河,始建于清末,主楼两层,前廊仿西式建筑,风火式山墙,楼下中间为堂屋,供有彭湃母亲周凤的遗像。彭湃诞生在左侧房内,在这里度过他的童年和少年时代。第一次东征到达海丰后,周恩来同志和东征军的苏联军事顾问鲍罗廷、加伦曾在此住宿、工作。

◎ 地址:汕尾市海丰县海城镇桥东社

北伐战争纪念馆

北伐战争纪念馆是广东首座北伐战争纪念馆,主馆为钢筋混凝土框架二层,外墙用仿古青砖清水墙砌筑。建筑物为二层西式四合院砖木结构楼房。馆藏大量孙中山先生及北伐战争时期文物实物以及历史图片,包括孙中山先生在韶督师北伐时使用的硬木办公桌、民国时期孙中山纪念画册等珍贵文物。

◎ 地址:韶关市区帽子峰北坡

TOP7 怕冷吗？这里的冬天很温暖

高尔夫海滨度假村

靖海古堡

黄岐山

锦江温泉

从化温泉

古兜温泉

　　你在北方的寒夜里大雪纷飞，我在南方的艳阳里温暖如春。是的，冬季来广东旅游是个明智的选择。气温刚好，不冷不热；风景正美，四时不同。广东的冬天和夏天一样精彩，甚至比夏天更精彩。

　　来广东你可以见到北方无论如何都见不到的郁郁葱葱和花开一树树，徜徉在人海如潮的迎春花市中，呼吸空气里浪漫而又市井的浓浓年味；或者泡一个养生又舒服的温泉，木温泉、咖啡温泉、中药温泉、酒温泉、花草温泉等新式温泉值得体验；或者，光脚走在海滨沙滩上，享受阳光和大海，枕着涛声入眠……

　　去广东过暖冬，目前已经成了国人的共识。

从化温泉

从化温泉是闻名海内外的风景区与疗养胜地,以水质好、水温高、泉景佳出名,被人们称为"岭南第一泉"。

这里气候宜人,四面环境幽静,是世界上仅有的两处珍稀的含氡苏打温泉之一,与欧洲的瑞士温泉举世闻名。它还具有少见的温沙浴,在流溪河的两岸散布着一堆堆温软的细沙,随意在温沙里挖一个"澡盆",泉水便从沙底汩汩喷出。

地址: 广州市从化区温泉镇温泉东路112号

黄岐山

黄岐山是揭阳历史文化名城的一个象征,自古以"黄岐晚翠"列为揭阳八景之一,是揭阳最出名的山脉。

山上有九庵十八岩,山巅有岐山塔,山中有月容墓、侣云寺、卧云洞等名胜古迹,有"海滨邹鲁"摩崖石刻等二十余处。还有珍稀罕见的古槐、风景秀丽的水库和岭南佳果。

地址: 揭阳市榕城区

锦江温泉

锦江温泉是集住宿、饮食、娱乐、保健、商务、会务、休闲和大型露天温泉于一体的中国温泉文化经典之度假胜地。

锦江温泉以动感温泉为主题,有全国首创的大型温泉冲浪、温泉漂流、冷热温泉瀑布及温泉香薰SPA等。锦江温泉富含几十种对人体健康有益的微量元素,硅酸、氟、氡均达到国家命名标准,全国罕有,具有极高的医疗保健价值。

地址:江门市新会区崖门镇古兜山下

古兜温泉

古兜温泉旅游度假村是一个中西文化交融、典雅别致的天然度假天堂。

景区内有天然山泉泳场和沙滩景观、木屋别墅,有按五星级标准装修,具有唐、欧、日三种风格的温泉谷,有豪华的国际会议中心和温泉酒店。

进入度假村,你可以到古兜山的原始森林里探秘,可以在竹苑里烧烤,更可以在古兜温泉谷里体验唐式、欧式、日式的温泉胜景。

地址:江门市新会区崖门镇古兜山下
开放时间:古兜温泉谷开放时间为8:30~00:00,山泉水世界开放时间为8:30~18:00,古兜财神缆车开放时间为9:00~16:30

高尔夫海滨度假村

中信高尔夫球场依山而建,极富浓郁的亚热带风情,根据本地独特的地理环境规划设计而成。

高尔夫球场毗邻酒店,其专属度假沙滩——龙虎滩,濒临南太平洋,海天一色,蔚为美观。在这里,游客不仅能享受戏水、游泳、乘船、潜水所带来的惊险刺激,还可享受美妙的沙滩活动所赋予的轻松舒适。

地址: 汕头市濠江区

靖海古堡

靖海古堡位于靖海镇,古称"靖海所"。

靖海所设于山地高处,历来是潮汕地区的军事要地,明代在附近筑有南北炮台及烽火台。靖海至神泉绵延数十里的海滩上,怪石嶙峋,形成了奇妙的"海滨石林"。岸边数百亩的丘岗,经长时间的风刻浪雕,柱柱石笋挺立,形成粤东规模最大的石笋景观。

地址: 揭阳市惠来县靖海镇资深村

TOP 8 行知岭南,游学相长:到广东来研学

广州长隆旅游度假区

深圳海洋世界

恐龙博物馆

广东科学中心

广东美术馆

华南植物园

广东省博物馆

研学游在中国多地逐渐兴起,它赋予旅游一种新的定义:旅游不只是一场"说走就走"的旅行,更是对人生的学习。它也形成了一种旅游新风尚——"读万卷书不如行千里路",这源自中华文化老传统。

来广东,可以很好地进行研学旅行,不仅有可供亲子游玩场所,还可以在游山玩水间认识多种地质地貌,观赏各种亚热带植物;华南植物园、南沙湿地公园等地都是不错的选择等。广东更是开展红色旅游,加强爱国主义教育的重要场所。

广东省博物馆

广东省博物馆是广东省唯一的省级综合博物馆,也是国家一级博物馆。博物馆呈方正的玲珑盒形,采用巨型屋面悬吊式钢桁架结构,十分像广东传统的工艺品象牙球。

博物馆以广东历史文化、艺术、自然为三大主要陈列展览方向,分为历史馆、自然馆、艺术馆和临展馆四大部分。

广东省博物馆十分注重地域特色。走入博物馆内,就仿佛走进了一个浓缩的岭南历史画卷。三大民系(广府、客家、潮汕)民俗文物、华侨文物、海洋文物、近现代革命文物以及代表性地方工艺类文物(如潮州木雕、端砚等)构成了展品的主体。代表中国传统文化特色的书画、陶瓷两类为优势馆藏。

⊙ **地址:** 广东省广州市天河区珠江新城珠江东路2号

恐龙博物馆

河源是"中华恐龙之乡",是全球恐龙蛋化石主要出土地和馆藏地,也是世界上罕见的集恐龙蛋、恐龙骨骼、恐龙脚印"三位一体"的"龙蛋共生地"。河源恐龙博物馆占地3000平方米,为国家级博物馆,布展突出恐龙文化和客家文化。

博物馆外观设计新颖独特,如同一粒苏醒的种子。馆内展览采用声、光、电等高科技陈列手段,大型油画与雕塑,图文并茂,充分展现了河源丰富的自然和历史文化遗产的风貌。博物馆负一层为恐龙化石发掘、修复现场场景及临时展厅,一层展览以恐龙为主题,二层展览则以客家古邑为主题。

◎ **地址:** 河源市区东江河畔

华南植物园

华南植物园是我国历史最久、种类最多、面积最大的南亚热带植物园,全国三大植物园之一。

园内引种有国内外热带、亚热带植物11000多种,被誉为永不落幕的"万国奇树博览会",有"中国南方绿宝石"之称。园内的野战俱乐部,战火硝烟的味道配合亚热带园林风光,令人心跳不已。

◎ **地址:** 广州市天河区天源路1190号

广东科学中心

广东科学中心2008年正式对公众开放,具有科普教育、科技成果展示、学术交流、休闲旅游四大功能。展馆整体建筑形象为"科技航母",造型独特、气势恢宏。

广东科学中心入口处的露天广场有两个不停摇摆的巨大手臂迎接游客的到来,2F层有"人与健康""飞天之梦""儿童天地""交通世界""数码世界""绿色家园""感知与思维""实验与发现"八大主题展馆。中心还有建筑面积达2万平方米的临时展区,用于随时展示国内外最新的科学技术成果,展项超过400个。

◎ **地址**:广州市番禺区大学城

⚠ **开放时间**:周二至周五为9:30~16:30,双休日及法定节假日为9:30~17:00,周一闭馆(节假日除外)

广东美术馆

广东美术馆建筑面积2万多平方米,馆内有12个展览厅和户外雕塑展示区,可同时或分别举办大型展览和不同题材的展览,还有多功能艺术交流厅、户外雕塑区和绿化区。广东美术馆以中国近现代以来的美术作品和海外华人美术作品为收藏对象,藏品以绘画、雕塑、陶艺为主体,馆内装修淡雅,以此来突出展品的光彩。

◎ **地址**:广州市二沙岛烟雨路38号

深圳海洋世界

深圳海洋世界,是目前国内规模最大、展馆最多,海底特色节目表演最丰富、娱乐参与性最强的海洋文化主题公园。

海洋世界坐落在深圳东部黄金海岸旅游线上,以"八馆三园,十六套节目"为展示主体,距小梅沙海滨沙滩不足百米,沿途8公里范围内还有中英街、明斯克航母世界等景点。园内还设有"飓风船""冲浪船""潜水舱"等惊险刺激项目及"海豚滑梯""海底狩猎"等娱乐项目的海洋乐园,以"奔向海洋"为主题雕塑的海神花园等。

◎ 地址:深圳市盐田区小梅沙海滨旅游区

广州长隆旅游度假区

如果有看过大热综艺《爸爸去哪儿》电影版，一定会对里面爸爸和孩子亲子互动的那个野生动物游乐园印象深刻。这个游乐园就位于广州的长隆旅游度假区。

其是中国目前拥有主题公园数量极多、种类极丰富的主题景区，包括长隆野生动物世界、长隆欢乐世界、长隆水上乐园、长隆国际大马戏、长隆飞鸟乐园和长隆酒店、熊猫酒店等多家主题公园和主题酒店。

在广州长隆旅游度假区内，不仅可以看动物，与它们亲密互动，还可以体验"全球过山车之王"垂直过山车、创吉尼斯世界纪录的十环过山车。

📍 **地址**：广州市番禺区迎宾路

广东花时间：一年四季来粤赏花

TOP 9

黄花风铃木
鸡蛋花
簕杜鹃
木棉花
禾雀花
蓝花楹
红花羊蹄甲

　　古人说"三月江南花满枝，风轻帘幕燕争飞"，也用"花事"来形容人们在春季百花盛开，游春看花等事。在广东，由于地理条件优越、气候适宜，"花事"也不只一季。在江南下着小雪的初冬，广东这边仍旧是被斑斓的色彩所点缀，让全国各地的人不用担心错过春季的繁花似锦，一年四季都能来赴这花的盛宴。

簕杜鹃

簕杜鹃又名"三角梅",每个花都由三角形的花片组成,三五个花朵组成一个花球。远远看去,花朵就像一个个紫红色的花球,在绿叶的衬托下显得花团锦簇、美不胜收。

簕杜鹃不耐寒,15℃以上方可开花,花期极长,一般花期为当年的10月份至翌年的6月初。在深圳、珠海、江门、惠州等地的街头、绿化带、立交桥下、公园、小区院落、住户阳台上随处可见。

簕杜鹃是深圳的市花。深圳市簕杜鹃花展从1999年开始,于每年的11月—12月期间开展。深圳市市民、游客可以集中在一个地方欣赏如此多、在普通园林绿化中不常种植、比较珍贵的品种,领略不同形态、不同颜色、不同品种的簕杜鹃。

- **推荐观赏地**:深圳市莲花山公园
- **观赏时间**:11—12月

木棉花

　　木棉树，是一种在热带及亚热带地区生长的落叶大乔木。作为南国特有的乔木，木棉树在广州被广泛种植，树形挺拔，木质坚韧，亦有"英雄树"的美称。

　　木棉花较大，色橙红，极为美丽，可供欣赏。每年元宵节刚过，广州的木棉树就开始开花。闲逛在广州街上，偶尔抬头望望，你就能发现正热烈绽放的火红木棉。有种说法是只有在广州街头看过盛开的木棉，你才知道木棉开花有多美。

　　广州人喜欢木棉已经有上千年的历史了。木棉花可赏可食。西汉时，南越王赵佗向汉帝进贡木棉树。古代广州木棉树种植甚广，其中以南海神庙前的十余株最为古老。清屈大均曾以《南海神庙古木棉花歌》颂之。

📍 **推荐观赏地：** 广州市越秀公园、中山纪念堂

⚠ **观赏时间：** 3—4月

黄花风铃木

黄花风铃木是一种会随着四季变化而更换风貌的树。春天枝条叶疏,清明节前后会开漂亮的黄花;夏天长叶结果荚;秋天枝叶繁盛,一片绿油油的景象;冬天枯枝落叶,呈现出凄凉之美,这就是黄花风铃木在春、夏、秋、冬所展现出不同的独特风采。其花冠呈漏斗形,也像风铃状,花缘皱曲,花色鲜黄。

黄花风铃木近年来是大家心中公认的"网红"树。在广东,不少地方都种植有这种黄花风铃木。花开时放眼望去,一树黄花醉人眼,满树尽挂"黄金甲"。尤其在阳光照耀下,一股清新直入心底,让人心旷神怡,忘掉所有烦恼。这片黄色的花海还曾经在央视的《美丽中国》中亮相。

📍 **推荐观赏地**:广州花都赤坭镇竹洞村、深圳人才公园、佛山西樵山南门环山华海带、韶关樟市黄花风铃木基地、东莞大屏障森林公园、中山南朗的云梯山花海

⚠ **观赏时间**:1—3月

红花羊蹄甲

红花羊蹄甲别名红花紫荆、洋紫荆、玲甲花，花大，紫红色，盛开时繁英满树，终年常绿繁茂，颇耐烟尘，叶状如羊蹄，花大如掌形如兰花状，花香，有近似兰花的清香，故又被称为"兰花树"，是华南地区优良的园林绿化树种。

红花羊蹄甲在广东是最普通的行道树,每到春天,那些种有羊蹄甲的街巷弥漫着春天的气息,粉红色、粉紫色的羊蹄甲花朵灿烂地开满枝头,远看像天边朵朵绯红的云彩,春风一吹,"花雨"飘落,让路人仿佛置身城市"花园"之中。

推荐观赏地:广州市华南农业大学

观赏时间:3—4月

蓝花楹

蓝花楹原本是产于南美洲巴西的观赏性花木,半世纪前引种进我国。树影婆娑雅致,花开时呈深蓝色或浅紫色。漫天淡紫色的花絮随风飘舞,紫蓝色的花瓣回旋而下,或在地上铺成蓝色小道,或落在池塘边引起波澜,一大片的蓝紫色梦幻迷人,远远一看就夺走了不少少女的心!

在半个世纪前,还不时兴用玫瑰送给爱人,不少男孩将落在地上的蓝花楹拾起串成一个花环送给恋人。

在广州,从暨南大学南门往黄埔大道西的方向,路上一排排的蓝花楹开得灿烂。一串串蓝色的花朵挂满枝头,与清丽的羽状复叶一起随风摇曳。

📍 **推荐观赏地:** 广州市暨南大学南门
⚠ **观赏时间:** 5—6月

禾雀花

南国春来早,雀花先探头。禾雀花又名白花油麻藤、花汕麻藤、雀儿花,是清远具有地方特色的花卉品种,是清远的市花,花期较短,一般为40天左右。禾雀花在广东很多地方都有栽种,森林里野生的禾雀花也很多。

禾雀花的奇特之处在于它既不像其他花儿那样含苞欲放,也不会完全盛开。花开时,它的花瓣卷拢成翅状,整个花体通透玲珑,初开时为乳白色或者淡绿色,盛开时色如柠檬黄,再变为粉红色和橙红色,可谓神奇。每当春雨绵绵之时,生长在郊野,深藏在山林的禾雀花依藤而生,一簇簇,一串串,风情万种,给远离喧嚣的郊野带来了欢乐。

推荐观赏地:广州天鹿湖森林公园、肇庆七星岩、茂名仙人洞、东莞清溪镇大王山森林公园、江门"叱石仙境"景区、清远牛鱼嘴、佛山三水九道谷、梅州蕉岭镇山森林公园等

观赏时间:3—4月

鸡蛋花

鸡蛋花，花瓣洁白，花心淡黄，极似蛋白包裹着蛋黄，因此得名。其香气浓郁，沁人肺腑，5片花瓣轮叠而生。

我们日常看到鸡蛋花都是在漂亮比基尼美女身上的饰件，但你知不知道鸡蛋花是肇庆市花。

其在肇庆也比较常见，尤其在七星岩，比一般的鸡蛋花名贵，开花时，清香优雅；落叶后，光秃的树干弯曲自然，其状甚美。肇庆的鸡蛋花之所以著名，是因为生长在七星岩的蛋花树，所汲之水乃为山泉，故用七星岩所产的蛋花泡茶特别清润，更是肇庆特产之一。

◎ **推荐观赏地**：肇庆市七星岩景区内七座岩山、鼎湖山

⚠ **观赏时间**：5—10月

TOP 10

陌上青青，相约共行：南粤古驿道上的新脚印

大南路驿道

西片古驿道

梅关古道

古驿道是中国古代陆地交通主通道，同时也是属于重要的军事设施之一，主要用于转输军用粮草物资、传递军令军情的通道。如著名的丝绸之路，古代的湖广驿道、南阳—襄阳驿道、青蒿驿道、梅关古驿道等。古代南粤拥有众多古驿道，它们或为两省通衢，或为兵家要道，或为通商往来，或为海上丝绸之路与陆上丝绸之路的联结，皆为中原联系岭南的重要纽带。粤东西北地区山高水长，古道纵横，历史久远，许多古道已有上千年历史。在古驿道上走一走，不仅可以感受历史沉淀的韵味，还能欣赏驿道独特的沧桑之美，令人神往。

梅关古道

梅关古道是由唐朝名相张九龄主持修建,是全国保存得最完整的古驿道。古道约6尺宽,路面整齐地铺着鹅卵石,道旁是繁茂的灌木丛,两侧山崖树木葱茏,层峦叠翠。岭下可见古人用来喂马的饮马槽,古道旁修建了一座半山亭,又名"来雁亭"。过去沿途共有诗碑136块,记录了古代名人志士的名言诗句,现存已不多。

◎ **地址:** 广东省韶关市南雄市梅岭

⚠ **美食及特产:** 梅岭鹅王、酸笋焖鸭、南雄三宝、菜包糍、铜勺饼、牛干脯、坪田白果

西片古驿道

西片古道建于明嘉靖年间,是农民起义军张琏屯兵的三十六寨遗址,曾是闽粤两省四县商家民众往返必经之道。1927年,朱德率领的部分南昌起义军沿西片古道从大埔到上饶茂芝全德学校,召开了著名的军事决策会议——"茂芝会议"。

这处古道盘山而建,条石砌筑而成,台阶纵横,从西片村到梅州大埔县枫朗镇三溪村,全长9公里,其中一段"上天梯",行人要连续爬365梯级,长、险、直、奇,令人望之色变。站在古道中四望,风烟俱净,群山连绵,草木芊芊,让人顿生遗世独立之感。

📍 **地址:** 广东省潮州市饶平县上饶镇西片村

⚠️ **美食及特产:** 茂芝米粉、茂芝腊肠、黄皮豆干、斜予塘蜂蜜

大南路驿道

大南线古驿道又被称为"贬官之道"。广东曾经是荒蛮之地,许多文人墨客、文官武将都曾被贬至此。苏东坡当年被贬海南,在南下海南赴任时,曾经过天露山上的这条大南线驿道。云浮新兴县,是南北交通的一个枢纽。经新兴县大南路驿道宽仅一两米,古代商旅、迁客骚人、僧侣贩夫,从中原地区往来南海滨,这是一条重要的通道。

天露山曾是大南路驿道的节点。现在,天露山还保留了古驿道的部分段落。

📍 **地址:** 广东省云浮市新兴县里洞镇洛洞村

⚠️ **周边景点:** 国恩寺、云浮藏佛坑

资讯
微焦镜

在广东每月
都在热闹过节

1~2月

桥头油菜花节

"正月菜花黄"。每年正月,东莞桥头的莲湖都会被一株株的油菜花装点得春意十足。当北方还是春寒料峭甚至大雪纷飞的时候,桥头300亩花田中的油菜花就竞相开放了。人在其中,犹如置身花海。

深圳锦绣中华春节大庙会

每年2月8日至3月2日,深圳的锦绣中华会举行一年一度的春节大庙会,让身处岭南的人们体验这种具有浓烈北方风情的民俗活动。庙会上不仅有社火大巡游,还有精彩的中国传统百艺表演,如川剧变脸、耍杂技、变戏法,苗族的白象彩车、百鸟朝凤彩车、西域风情彩车等。

广州迎春花市

广州是花城,每年春节期间都会有逛花街活动。花街从农历腊历二十八开始,直到初一凌晨。广州迎春花市历史悠久,自明代以来被称为"广东四市"之一,是中国独一无二的民俗景观,不但呈现了古老的岭南地区汉族群众的春节习俗,更与广州人的生活密切相关。迎春花市融合了广州人"讲意头"的传统,从而形成了自己独特的花卉语言。比如新春买桔,就意味着吉祥如意。除上以外,广东2月不可错过的盛事还有:梅州国际山歌节、珠海樱花节。

星湖宫粉紫荆

3~4月

每年3月肇庆星湖岸边的小路上，宫粉紫荆绵延成片。紫荆花花朵小小的，颜色粉嫩，雨雾中有着宋词的清新与浅淡，配上七星岩山光湖色，有如置身画中。

文昌诞

农历二月初三是民间传说的"文昌帝君诞"。每年这一天，珠三角各地的孔子后人齐聚佛山禅城区南庄镇罗格孔家村，举行盛大的"文昌诞"活动。整个祭祀活动包括诵读《文昌帝君阴骘文》，举办状元宴等环节，这些环节在孔家村沿袭了220年之久。

潮州畲族"乌饭节"

"三月三"，又称"乌饭节"，是畲族人民纪念本民族英雄同反动统治阶级斗争取得胜利的节日。每年的这一天，畲民会出门踏青，采集乌稔叶，加入糯米蒸制乌米饭。乌米饭呈蓝黑色，喷香可口。

菠萝旅游文化节

广东的徐闻是"中国菠萝之乡"。碧绿的菠萝园区绵延数十公里。每年清明前后菠萝成熟时，大片成熟的菠萝呈金黄色，与散落其间的村庄、巨大的白色风力发电机构成一幅独具魅力的热带生态农业画卷——"菠萝的海"。在菠萝旅游文化节期间，除了拍照、采摘菠萝外，最有趣味的莫过于"万人菠萝宴"，一口直径3米的大锅现场炒出可供万人品尝的菠萝饭。

5~6月

龙母诞

　　龙母诞是指为庆贺龙母诞辰而举行的一种古老传统民俗及民间宗教文化活动。传说中，龙母品德高尚，为人类做出过杰出贡献，而农历五月初八则是龙母的诞辰，人们为纪念龙母，每年的这个时候，悦城龙母庙会迎来大批进香朝拜的善男信女。诞辰当天，鼓乐齐鸣，鞭炮不断，香火甚为鼎盛。

从化杨梅节

　　"玉肌半醉红生粟，墨晕微深染紫裳"是用来形容杨梅的。广州从化良口镇杨梅节每年在5月12日至6月3日期间举行。这期间游客不仅可以品尝鲜甜杨梅、独具特色的杨梅宴和杨梅制成的小吃，还可以观赏千泷沟大瀑布，或者到碧水峡玩漂流。

广州南沙妈祖文化旅游节

　　广州南沙不仅有珠三角乃至东南亚最大的天后宫和妈祖石像，还有着全广州市现存塘坑村的最老天后庙。每年5月这里都会举办盛大的妈祖文化旅游节。《妈祖颂》和古礼祭祀仪式表演是妈祖诞中经典的观赏项目。

广东省泥人节

广东泥塑作为中国陶瓷的重要源流和种类,其历史源远流长,品种繁多,特别是佛山陶瓷、大吴泥塑、吴川泥塑都自成一派,各有千秋,闻名海内外。广东省泥人节是集这些岭南地区的民间工艺之大成的文化节,观众可以在文化节期间欣赏代表广东泥塑最高水平的展览。

东莞桥头荷花节

莲湖是东莞桥头镇的名胜之地。早在明清时期,莲湖荷花已经达到了100多公顷。桥头镇从2004年起开始举办荷花节。游客参加荷花节不仅可以欣赏到"接天莲叶无穷碧,映日荷花别样红"的盛景,还可以体会与荷相关的种种文化风雅之事以及各种民俗。

龙舟节

端午节,又称端阳节、五月节等,为每年农历五月初五举行,已被列入《世界非物质文化遗产名录》。

端午节起源于中国,最初是中国人民祛病防疫的节日,后来成了纪念屈原的传统节日。各地过端午节有着不尽相同的习俗,其内容主要有:女儿回娘家,挂钟馗像、赛龙舟,吃五毒饼、咸蛋、粽子和时令鲜果等。

7~8月

南海（阳江）开渔节

阳江开渔节是广东省12大节庆活动之一，始办于2003年，一般是在7月底8月初。开渔节最值得期待的是开船仪式。渔民们在经过隆重的祭祀仪式后，吹响雄壮的渔家号子，发动上千艘渔船同时起航，好一派壮观景象！除此之外，还有传统的渔家婚嫁庆典巡游、渔家大宴、民间增殖放流等活动。

连南桑叶美食节

"尝新节"既是连南县瑶族传统节日，近年来又开发成当地的桑叶美食节。在美食节期间，人们可以在千年瑶寨景区、油岭古寨、云海花谷、墩龙瑶寨桑叶基地、三排古寨等地欣赏瑶族原创歌舞表演，体验桑葚采摘，品尝瑶族原生态盘王长寿宴等。

连山壮家戏水节

农历七月初七，壮族称为"七月香"。每逢此节，壮家人都会集聚到河里洗头、沐浴、耍水、嬉戏，祈求健康长寿、平安吉祥。戏水节在遵循这些民俗的基础上，还在七夕当天举办壮乡七夕鹊桥会，并且可以观看到连山壮族婚礼民俗表演、壮八音表演、壮族婚礼拜堂仪式等。

民俗糍粑节 — 9月

农历九月十六,是韶关市乳源瑶族自治县乳城镇老傅屋片区所特有的民俗节日——"消怨火"糍粑节举行的日子。节日当天,人们盛装出席,展示手艺、摆放农产品、尽情跳舞唱歌。晚上,村民还点燃篝火,摆起长桌宴。

佛山秋色 — 10~11月

佛山秋色是指秋季农业丰收之时,民间举行庆祝丰收游行,俗称"秋色赛会"或"秋色提灯会"。

秋色活动包括表演艺术和手工艺术两大类,分成车色、马色、飘色、地色、水色、灯色共六色之多。内容有起马、开路队、大灯笼、唢呐队、马色、头牌幡旗、罗伞、耍龙灯、灯色等。

阳江风筝节

阳江风筝有1400年历史。阳江人轧制的风筝造型美观,技术精巧,形神兼备,栩栩如生。每逢九九重阳,秋高气爽,正是纸鹞放飞的最好时节。放风筝便成了民间最兴盛的赛事。

12月 小榄菊花会

　　小榄菊花会是中山市小榄镇当地的特色节日,也是菊文化最集中的民俗活动之一。每年菊花会展期20余天,吸引近众多群众前来观展。历年活动地点包括小榄菊花园、龙山公园等。

唯有筷子停不下来：
舌尖上的广东

"食在广东",来广东不寻美食,绝对是旅程的一大遗憾。

广东风味菜,即粤菜,是我国著名八大菜系之一,以独特的菜式和韵味,征服了国内外的游客,尤其是海外侨胞。粤菜主要由广州、潮州、东江三种风味组成,以广州风味为代表,选料广博奇异,敢为天下先,好像什么东西都能成菜,著名菜品有烤乳猪、龙虎斗等;潮州菜与闽南相近,以烹调海鲜见长,喜用鱼露、沙茶酱、梅羔酱、姜酒等调味品,尤以打冷最具特色,名菜有糯软肥厚狮头鹅、热镬薄壳、香煎蚝仔烙等;东江菜又称客家菜,主料突出,味道浓郁,造型古朴,以盐焗鸡、梅菜扣肉、猪肉汤等闻名。

广东欢迎吃货和饕餮美食家。在广东,什么都可以停下,包括脚步,甚至眼睛,唯有嘴巴和筷子停不下来。

粤式早茶

叹粤式早茶,不仅是喝茶,还有包括吃点心。对于广东人来说,茶楼是亲朋相聚、谈生意、朋友聊天最好的去处。

"一盅两件"是广东人喝早茶时的习惯搭配,指的是一位客人点上一种茶和两种点心最合适,人多的话按倍数累加后,合桌分享即可。茶有普洱、香片、乌龙、铁观音等选择;点心则不胜枚举,有虾饺、肠粉、叉烧包、萝卜糕、烧卖、糯米鸡、豉汁凤爪……爽滑鲜嫩的虾饺温婉精致,比起北方饺子的粗犷自是多了几分细腻,适合慢慢品味,是早茶必点菜品。由猪骨、虾米、瑶柱、鱿鱼、虾米、油条等食材熬制成一碗荔湾艇仔粥,可谓"壕"粥。其他点心各有特色,都值得一尝。

> **广州酒家(总店)**:广州市荔湾区文昌南路2号
> **点都德(聚福楼)**:广州市惠福东路470号

云吞面

云吞面起源于广州,又叫作馄饨面、细蓉、大蓉,一般以云吞拌面,分为汤面与捞面。云吞内馅有虾仁和猪肉,富有蛋白质等营养元素,入口爽滑,面有弹性带嚼劲。

📍 宝华面店:广州市荔湾区宝华路117号
📍 巧美面家:广州市越秀区惠福东路401号

得心斋酝猪蹄

佛山酝猪蹄有两种形式,一是用整只猪手酝制而成;一是用猪脚开皮,抽去脚筋和骨,再用猪肥肉夹着猪精瘦肉包扎在猪脚皮内酝制。由于后者是用水草扎着来酝制,所以又名叫"扎蹄"。

📍 得心斋:佛山市禅城区升平路7号

石岐乳鸽

石岐乳鸽是中山的特色小吃。

这种乳鸽体大、肉嫩、胸肉特厚、色、香、味俱全,可做的菜肴有红烧乳鸽、松江乳鸽、油浸乳鸽、白切乳鸽等。乳鸽还可兼作药用食疗,有治肺肾伤损久患虚亏功效,还可治疗皮肤恶疮。

📍 石岐佬中山菜馆:中山市康华路36号

九层糕

每逢喜庆节日,尤其春节,佛山家家必做九层糕,寓意"长长久久,步步高升"。九层糕是一种甜米糕,做工讲究。民间用白米浸透,用石磨磨成水粉,搅拌成浆,加入糖水,用铜盘放一层薄水粉,加热蒸熟,然后逐层加粉至九层。蒸熟的九层糕层次分明,软滑可口。

◎ 崔太珍珠:广东省佛山市同济路5号102号店

◎ 大可以(祖庙店):广东省佛山市禅城区祖庙路20号

蚝烙

潮汕地方的市镇酒店、小食店多售有"蚝烙"这一小食,是用地瓜粉溶于水,拌葱珠,在一个平底的铁锅上煎,加上海蛎,再下蛋花,取起蘸鱼露吃。"西天巷蚝烙"是汕头名小食之一。蚝能明目,又滑润可口,蚝烙又能热胃,寒天时人们更喜欢吃。

◎ 老郑蚝煎:潮州市水平路17号

恩平濑粉

濑粉,是恩平地区一种独特的食物,用稻米打磨之后的黏米粉拌和热水后制成的长粉条,以大米为原料。

濑粉,吃来易,做来难。从选料到制作,工序颇为复杂,而且必须合数户之人力始能制作。中秋佳节,恩平市北部地区以濑粉为主食。吃时用开水烫过,兑进上汤,就成独具一格之濑粉了。在濑粉中兑入白糖烧酒,又另有风味。

> 八角碗濑粉:恩平市中山路12号

古井烧鹅

古井烧鹅是新会的驰名特产,据说是用南宋宫廷秘方制作而成。

古井烧鹅色香味俱全,具有皮脆汁美、肉香甘甜的特点,深受食客喜爱。烧鹅时采用传统的生抽王混砂糖、盐、酒、蒜茸、五香粉以及其他独门秘方等为酱料,塞入鹅肚内,用绳扎紧摇匀,并以麦糖擦鹅身,用荔枝柴烧炉。鹅挂在热炉内,以中火烧烤约40分钟便成。

> 平香烧鹅(天成街店):江门市古井镇天成街136号

梅菜扣肉

梅菜扣肉也称为咸烧白,是客家特色名菜,以广东梅州最具代表性。

此菜口感咸鲜味,肉质软烂、肥而不腻,梅菜浓郁芳香。同时色泽金黄、香气扑鼻、清甜爽口、不寒不燥、不湿不热,被传为"正气"菜,久负盛名。梅菜、松仁和肥五花肉的搭配真的可以说是恰到好处。梅菜吸油,你会感觉它一点不肥腻;五花肉又会带着梅菜的清香及松仁的醇香。

📍 围龙屋星园酒家:梅州市华南大道剑英公园往三角地圆盘方向

达濠晶华鱼丸

远早于汕头市开埠的达濠港，在清代中叶，已是盛况空前，濠江上商船如织，络绎不绝，经济网络远达江浙。当时，达濠最繁华的商品集散地"中鞍头"，经常举行迎神赛会的民俗活动。鱼丸既是士子工商、普罗大众的日常食品，又是祭神"赛桌"必不可少之供品。

达濠晶华鱼丸，是潮汕鱼丸的著名代表。达濠盛产海产，聪明的达濠人采用达濠港捕捞的鲜活海鲜通过独特的制作工艺烹制达濠鱼丸。达濠人说：凡有潮人的地方，就有达濠鱼丸。

鸭母捻

鸭母捻是一种有馅的糯米粉制汤圆，取其形似母鸭在水上游荡浮沉而撰名。鸭母捻的传统制作要求严格。鸭母捻的馅有四样，即绿豆馅、红豆沙、芋泥、芝麻糖，每粒的馅约15克。鸭母捻放在白糖水中煮至浮上水面即熟。本为元宵节的小吃，故俗称"元宵"。

🏠 **胡荣泉(百年老店)**：潮州市牌坊街太平路136-144号

⚠️ **特别提醒**：只营业到下午7点

清汤蟹丸

清汤蟹丸，为潮州名菜，丸子醇香、鲜嫩，汤味浓。美味同时还有食疗作用，主要可用于结核病调理、关节炎调理、活血化瘀调理、壮腰健肾调理。另外，由于海鲜类肉丸是潮菜的特长，此菜可变通为虾丸、墨鱼丸、螺丸。

盐焗鸡

盐焗鸡为广东本地客家招牌菜式之一,流行于广东深圳、惠州、河源、梅州等地。最早的盐焗鸡是300多年前惠州东江海边盐场的盐工们为了方便储存食物而偶然发明的。盐焗鸡外表澄黄油亮,混合着鸡肉的清醇香味及盐焗鸡粉的咸鲜味道,肉质爽滑鲜嫩,在冬天吃鸡肉,可以凉血润燥、温脾暖胃。

- 金鹏国际酒店餐厅:汕尾市海丰县广富路666号
- 大好彩:汕尾市二环南路
- 万秋楼:梅县新城办事处扶外村98号(近新城加油城)

烧雁鹅

烧雁鹅是潮汕特产名菜,在岭南地区广泛流传,美味适口,原而用野雁制作,后改用家鹅代替。制法不变,风味相仿。如果使用潮汕的狮头鹅制作,效果尤佳。色泽红紫,皮脆肉嫩,以甜酱佐食,甘香味浓。食烧鹅,饮啤酒,大快朵颐。酱佐食。

擂茶

揭阳的客家人素有煮擂茶的习俗,分为"净茶""菜茶""饭茶""米骨茶"等。春节期间,有配小吃"米呈"的"米呈茶",还有正月初七的"七样菜茶"和正月十五元宵节的"十五样菜茶"。

城市
丈量指南

活力花城 千年商都

在中国的城市价值体系中,广州毫无疑问独树一帜。你选择来广州走一走,看一看,游一游,就意味着独特的你在寻找独特的城。

广州是个有着2200多年历史的老城,是中国首批历史文化名城之一。解放路上南越王墓博物馆值得一看,还有中山四路南越国宫署遗址。近代史上的广州的确是风云激荡之中国的中心,洪秀全故居、黄埔军校等景点在无声诉说着,"假如没有广州,中国将会怎样?"广州可以说是中国历史上唯一的千年商都,今天我们所说的时代宏词"一带一路"便与它关系密切。

广州商业之鼎盛,文化同样不遑多让。广州是岭南文化的中心地,"南国红豆"粤剧、"岭南画派"、广雕、广彩、广绣皆驰名中外,陈家祠是岭南建筑艺术的集大成者,旁边不远的华林寺、光孝寺更是中国本土宗教——禅宗肇始地。至于大众文化,大家耳熟能详的就是以"生猛海鲜、清淡营养、老火例汤"为特色的粤菜和"一盅两件"的"饮早茶",还有浪漫诗意的迎春花市。

广州的文化和人文气质决定了它是一个休闲之城,自在随意,舒适走心。白云山登高是广州人的家常便饭,珠江夜游可让你领略一个城市的浪漫与现代。从化的温泉驰名中外,增城的荔枝更是好吃得惊动了苏东坡,番禺紧邻着南海、顺德,是珠三角的腹地,桑基鱼塘旁边有着令人流连忘返的农家乐。

手信推荐

木雕、牙雕、彩瓷、刺绣、流溪蜂蜜、清香荔枝干、广式腊肠和月饼

创意鹏城 时尚之都

一个边陲渔村"一夜崛起",成为我国经济实力最强的特区,成为北上广深一线城市之一,成为就连它以前学习的榜样——香港都羡慕和焦虑的对象,这就是深圳。

来深圳,一定要体验大都市的现代摩登气息。地王观光、深港之窗是亚洲屈指可数的高层观光区。东门老街是深圳人的根,是深圳人气最旺的传统商业旺区与购物天堂。深圳主题公园闻名遐迩,见证了改革开放的黄金时代:锦绣中华是目前世界上面积最大、内容最丰富的实景微缩景区,能一天内领略中华上下五千年历史风云。世界之窗和欢乐谷是集观赏性、娱乐性和趣味性于一体的中国现代主题公园,当然,今天深圳最耀眼的旅游名片是东部华侨城,是央企打造的世界级度假旅游目的地。

东部华侨城位于大梅沙。深圳,作为海滨城市,也是海景无边,大梅沙和小梅沙是来深圳滨海旅游的首选地,小梅沙被称为"东方夏威夷",东冲是遇见深圳第一缕阳光和旅游小资乐意去的好地方。深圳大部分为低丘陵地,梧桐山是深圳境内第一高峰,当地人登山首选之地。溯溪登高是梧桐山的特色之一。莲花山为深圳八景之一,可瞻仰小平同志的题词,在山顶可俯瞰中心全貌。

深圳是一座年轻得

一直向前冲的城市，或许很多人就认为"深圳并无历史"。其实不然，"大鹏所城"建于明代洪武二十七年（1394年），曾是明清时我国南方重要的海防军事要塞。今天的深圳已经成了中国创新之都和明星企业聚集的城市，华为、腾讯、大疆、中集、平安和深交所都于此，深圳文博会是唯一国家级文化产业博览交易盛会，已成为深圳一张靓丽的名片。

手信推荐

南山甜桃、沙梨、沙井蚝、大鹏鲍鱼、基围虾

传奇禅城 狮舞岭南

天下武功出少林,南派武功出佛山,佛山是中国南派武术的主要发源地。

但远不止这些,黄飞鸿、李小龙的武术只是因为港片名闻大江南北,历史上佛山可是与北京、苏州、汉口并称"天下四聚"。唐宋年间,佛山地处珠三角腹地,占尽地利,是岭南的商贸重镇、我国四大名镇之一。佛山还有许多名片:中国南狮在广东、广东南狮源自佛山。佛山是南狮的发源地,佛山南狮有如佛山咏春拳一样,有"狮王之王"的美誉。石湾陶瓷使佛山享有"南国陶都"的桂冠。佛山是粤剧的发源地,名伶辈出,名剧屡现。佛山还有"广纱中心"和"岭南药材发祥地"等美誉。

佛山现存的人文旅游及自然旅游目的地主要有:康有为故居、佛山祖庙、南风古灶、西岸旅游

区、西樵山、山水荷花世界等。其中,南风古灶是佛山新八景之一,始建于明朝正德年间,被誉为"活的文物"。佛山的士大夫园林也不少,清晖园和梁园是典型的岭南园林风格,是岭南文化先发之地。西樵山是广东四大名山之一;三水森林公园和三水荷花世界空气清新,景色优美;三水九道谷景区是都市人向往的"世外桃源",九道谷漂流被称为"佛山第一漂"。

如今的佛山当仁不让是广东的第三极,因为佛山还下辖中国百强县的老一顺德和老二南海,今天佛山已经与广州城市一体化,他的确属于未来。

手信推荐

石湾陶器、佛山剪纸·佛山片画、西樵雨雾茶

珠海 ZHUHAI

幸福岛城 浪漫之地

如果你向往诗与远方,热爱面朝大海,珠海是你的不二选择。

毗邻澳门的珠海,被誉为"浪漫之城"和"幸福之城",城市规划和建筑独具匠心,典型的亚热带风光、宁静休闲的生活方式使人们流连忘返。作为珠海名片的情侣路,像情人的臂弯环抱着南海之滨的这片绿土;竖立在海岸边的珠海渔女雕像,也仿佛诉说着一个美丽的爱情传说。

珠海的浪漫休闲是多元化的,圆明新园融合了古典皇家与江南园林建筑群的特点;横琴长隆国际海洋度假区内,设有世界规模最大也是最富想象力的海洋王国。若想一探本土人文古建,"中国第一牌坊"梅溪牌坊将是必游之地。有"南海第一泉"美誉海泉湾海洋温泉,是罕见的优质海底温泉……

珠海素有"百岛之市"的称号,是海滨旅游的集大成者,珠海的新地标"日月贝"——珠海大剧院,是中国首个海上歌剧院,也是继悉尼歌剧院之后全球又一个海上歌剧院。珠海有很多离岛,东澳岛风光最迷人;有"钻石沙滩"之称的南沙湾;高栏岛上飞沙滩,是古代海上丝绸之路的天然海岸航标……

珠海是中国改革开放的第一批特区,今天的粤港澳大桥再次成为珠海快速发展之路的杠杆。随着粤港澳大湾区的规范正式推出,珠海在大湾区发展规划中受到重点关注。

手信推荐

白蕉海鲈鱼干、特产干货、风味鱼干、有机大米、生态豆、酱料

智造精彩 莞香天下

东莞制造享誉全球。发达的外向型工业,使东莞能够雄视天下,书写改革开放的新篇章。很多人都知道,假如广深高速塞车,全世界的电脑硬件都要上涨。

毗邻深圳的东莞,尽管是世界制造业之都,但同时也文化厚重、乡韵浓浓。

东莞具有深厚的岭南文化积淀,是著名的龙舟之乡、龙狮运动之乡、民间曲艺之乡,著名的岭南画派也发端于广东"四大名园"之一的可园。集岭南园林建筑文化之大成的粤晖园,有皇家园林的大气、江南园林的典雅和岭南园林的清秀。东莞名源于一种叫"莞花"的植物,东莞是女儿香的聚集地,香港之所以叫香港,也与这种植物有关。

再追溯城邑历史遗迹,城区市中心的迎恩门城楼依然屹立,其中明代基座的保存尤为珍贵。另一方面,城郊古村落群也别有一番风韵:黎氏大宗祠及古建筑群、南社村古建筑群、"逆水流龟"村堡、塘尾古村落……皆是带有广府文化色彩

的典型岭南古村落。

东莞是袁崇焕的故乡，也是孙中山外婆的老家。东莞在近代史上占据重要地位，虎门鸦片战争博物馆、海战博物馆，成为让中华儿女莫忘国耻的爱国主义教育基地，而横跨威远炮台和珠江口的虎门大桥，是东莞腾飞的标志，也为古城增添一道亮丽的风景线。今天的东莞，已经从"制造"走向了"智造"，这座被誉为世界工厂的城市，目前正在掀起一场"机器换人"的大浪潮，美丽的松山湖塑造着这个城市"科技共山水一色"的形象。

手信推荐

莞香、荔枝、麻涌香蕉、沙田莲藕、厚街腊肠、白沙油鸭、虎门麻虾

中山
ZHONGSHAN

宜居香山　名人故里

中山，是中国唯一以伟人名字命名的地方。

中山是孙中山的故乡，为纪念伟人，1925年由"香山"改名得之。中山最值得一去的地方自然与孙中山先生有关，位于中山市东南的翠亨村及孙中山故居皆可最近距离接触伟人，理解伟人历程，谛听伟人心声。

中山是个历史厚重、人文浓郁的地方，"香山文化"是中国近代文化的发源地。詹园是岭南地区规模最大的古典私家庭院，被称为"中山大宅门"，融合了中西园林的精髓；民众镇是岭南一带保存最完整、最具有水乡特色的自然生态与人文

生态景区,有"岭南水乡"的美誉;小榄人种菊已有七百多年历史,而举行菊花会,亦有近300年历史,小榄镇被誉为"菊城";中山民丰物阜,美食飘香,百年老字号的咀香园杏仁饼将工业生产与旅游观光结合,创造了独特的食品文化。依靠自然环境的优势,近年来中山涌现了一批尽心打造的,集娱乐、休闲、会议和度假于一体的大型旅游度假区。永远的新鲜是泉林旅游山庄带给游客们的一大感受,"一步一景致"的景观氛围使其成为"中山最具人气"的旅游景点。

中山是以前的"广东四小虎"之一,而深中通道的开通将使中山的未来再上一个台阶。

手信推荐

咀香园杏仁饼、小榄菊花饼、三月红荔枝、石岐乳鸽、三乡濑粉

秀美五邑 世遗之乡

浩瀚的南海之滨,奔流的西江和潭江环拥着一片富饶而传奇的土地,这里是"中国第一侨乡"江门。

江门俗称"四邑",后称"五邑"(新会、台山、开平、恩平、鹤山),这里是华侨之乡。寻迹于塘口镇自力村的碉楼群落,就像打开一幅充满浓郁侨乡文化的历史画卷。被誉为"华侨园林第一园"的开平立园,是中西合璧风格的代表作。江门长堤风貌街、台山"小广州"商业步行街上的骑楼古建筑,还有让子弹飞的拍摄地——赤坎,都充满了浓厚的侨乡文化气息。

江门是幸福宜居、人文荟萃之地。上下川岛椰风轻拂,"小鸟天堂"在天马河中独木成林,还有那穿行林间闹市玉带般的绿道,以及西江之畔水绕山环的滨江新城……新会崖门是宋元海战的古战场,白沙祠是明代儒家理学家陈白沙的家祠祖屋,晚清维新领袖梁启超从这里走上了改中国命运的历史舞台……

江门是全国有名的温泉之都。台山三合温泉被誉为"广东第一泉",温泉类上市的第一家公司——位于新会崖门的古兜温泉水质类似于陕西临潼的华清池,让你得到高规格的享受。

手信推荐

新会陈皮、开平金山火蒜、台山虾酱、鹤山古劳面豉、鹤山桔普茶

惠州
HUIZHOU

惠民之州　山呼海应

惠州是"粤东重镇"和"粤东门户",依山面海,北部坐落着"南国避暑天堂"南昆山,是北回归线上的绿洲及天然氧吧,峰峦叠嶂,林木茂盛;"岭南第一山"罗浮山自古是道佛修炼福地,东晋葛洪于此创建道观,人称"天下第七大洞天"和"三十四福地";惠州山呼海应,南部是滨海休闲度假旅游区,200多公里的漫长海岸线,其中平海的巽寮湾和大亚湾是这条海岸线上最靓丽的滨海风光;而深入南海最南端的海龟岛,是我国大陆最大的海龟自然保护区。

惠州东江穿越其间,水是惠州的眼睛。城内的西湖可与杭州西湖媲美,"三处西湖一色秋,钱塘颍水与罗浮",无疑是粤东非常知名的景致,这个景点还与中国最浪漫的文人苏东坡有关,与他的恋人王朝云有关,惠州城也因此有了"半城山色半城湖"的美誉;惠州温泉众多,从因苏东坡三次沐浴而有"东坡温泉"之称的汤泉到近年新开发的南昆山温泉、龙门温

泉、平海温泉等,充满轻松浪漫气息。

惠州是客家人的重要聚居地和集散地之一,旅居海外华人华侨、港澳台同胞居客家四州之首,被称为"客家侨都"。平海古城的十字古街、关帝庙、城隍庙等古建筑保存完好,是古岭南文化的"活化石"。功武村香溪堡的古村落充满水乡风情,可作渔人泛舟,探寻神秘的"五宅古堡"。

惠州人文荟萃,孕育了叶挺、廖仲恺、邓演达、叶亚来等杰出人士,是中国近代抗争史的前沿阵地,曾建立了华南抗日战争的主力部队——东江纵队。

手信推荐

梅菜扣肉煲、客家酿豆腐、东江盐焗鸡、五指毛桃鸡、发糕

珠三角地区

肇庆
ZHAOQING

山水端城 国砚名都

对吃货们来说,端午除了缅怀先人之外,还有一件紧要的事——品尝裹蒸粽,裹蒸粽是肇庆的特产。

肇庆是国家历史文化名城,人文旅游资源丰富。肇庆历史悠久,唐代六祖惠能、宋代包公都在这里留下深深的印迹,因此所拥有的人文古迹众多,光国家级、省级文物保护单位就有几十处,如梅庵、宋城墙、七星岩摩崖石刻、德庆学宫等。喜爱书法的人,一定知道肇庆端砚,它精致的工艺和日渐稀缺的供应,使文人墨客推崇之至。肇庆民风淳朴,特色节日丰富。如每年农历四月初

八浴佛节；六月六桥头镇的庙会日，届时可以体验燕岩庙会"三绝"，即听对山歌、观掏燕窝、看贵儿戏；还有肇庆龙舞，等等。

肇庆风景独特，整座城市仿佛是一个天然大盆景。七星岩和鼎湖山，几乎是岭南山水风光的代表；而由羚羊峡、三榕峡和大鼎峡所形成的西江三峡风光，则是珠江中游最知名的景致。七星岩的七座山峰在湖水中排列成北斗七星的走向，从高处看，造型壮观而奇特。鼎湖山是国家级自然保护区，号称"活的自然博物馆"。此外，披云楼、盘龙峡、龙母祖庙等都是肇庆特色景点。

手信推荐

檀香扇、高要花席、鼎湖山茶饼

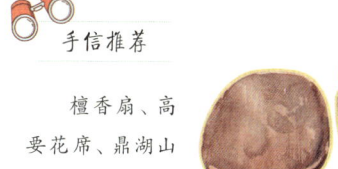

汕头
SHANTOU

海滨邹鲁 海风潮韵

由汕汾高速公路入汕,长长的礐石大桥雄伟地诉说着汕头和海的牵连,特殊的地理环境造就出海阔石奇、洞幽秀丽。

汕头是全国主要港口城市、中国最早开放的经济特区,地处海滨冲积平原之上,1860年开埠,素有"海滨邹鲁、美食之乡"称誉。汕头依海而立,靠海而兴,有着长长的沿海步行路以及观海长廊,海风咸咸,阳光碎撒。南澳岛(广东省唯一的海岛县)青澳湾,23个海岛成群,浪平沙细,海岸延绵2公里,海水碧蓝,素有"东方夏威夷"之称。莱芜岛风景区有天然的防波堤减弱海浪,最适宜游泳。吹海风听海浪,戏水阳光浴,体验最纯粹的海滨生活。

汕头深受妈祖文化影响,妈祖是漂洋过海的人海上的保护神,元代即修建老妈宫,而老妈宫所在的岛屿也因此得名妈屿岛。汕头人漂洋过海,以刻苦耐劳、勇于开拓、善于经营、诚实信义而著称于世,有"中国犹太人"之称,马化腾来自汕头。汕头人爱喝茶,爱喝工夫茶,无论你是在办公室还是熟人家,甚至是带领爱犬在宠物店洗澡,主人都会摆出茶筛、茶壶以及三个小茶杯,韩信点兵,关公巡城,如此等等。汕头饮食属于潮州菜系,粿、牛肉丸、卤水、海鲜……潮汕菜即"功夫菜",选料考究、刀工精细,且烹调方式多样,着意追求色香味俱全,有中国最高端菜系之称。

这座城市的汕头大学、以色列理工学院分院、汕头海湾大桥值得一看。

手信推荐

猪肉脯、牛肉丸、鱿鱼干、猪头粽、腐乳饼、绿豆饼

潮州
CHAOZHOU

潮人故里 天下名州

"到广不到潮,枉费走一遭"。从旅游文化角度来说,潮州,毫无疑问是广东的大咖之一,潮绣、潮州戏、潮州木雕、潮州菜、潮州工夫茶、潮州民居……潮州文化可以说影响了整个广东地区,尤其是粤东的人文气象,在大岭南文化中独树一帜。

作为"中国优秀旅游城市",潮州的新旧八景让人流连忘返。文物古迹、人文景观众多,城、山、江、海、湖各具特色,旅游资源十分丰富,古桥、古寺、古塔、古祠、古城墙、古窑址、古民居、古石刻等,门类齐全,应有尽有。有中国四大古桥之一、被誉为世界第一座启闭式桥梁的广济桥;有

国内罕见的宋代府第建筑许驸马府；有始建于唐代、堪称粤东地区佛教活动中心的开元寺；有集潮州木雕之大成、全国近代优秀建筑物的己略黄公祠；有绵延四华里、号称"百窑村"的笔架山宋窑遗址；有始建于北宋，我国现存的历史最久远、保存最完整的纪念唐代大文学家韩愈的韩文公祠；有始建于明洪武年间的广济门城楼；有石刻艺术出神入化、令人叹为观止的从熙公祠等。而蜚声中外的"潮州八景"——凤凰时雨、湘桥春涨、鳄渡秋风、北阁佛灯、龙湫宝塔等如颗颗璀璨夺目的明珠，散落在水色山光护古城的壮丽画卷之中。市区新建成的滨江长廊、人民广场等景区景点更令人记忆深刻。

潮州让人印象深刻的是经商文化，潮州商人曾是中国古代三大商帮之一；潮州最美的风景还是生活和文化，潮州"工夫茶"自成一套，"潮州木雕、抽纱、陶瓷"享誉世界，潮州老城的悠闲生活是小时光，美时光。

手信推荐

铁皮石斛、肉脯、凤凰单枞、佛手凉果、腐乳饼

水城榕城 潮汕之源

揭阳是潮汕三市之一,粤东古邑,近几年来全市生产总值居粤东五市之首。揭阳享有"中国玉都"的美誉,揭阳玉器产业发展已历经百余年,拥有中国乃至亚洲最高档、最大型、最集中的中高档翡翠营销专业市场和生产加工基地。

揭阳倚山濒海,山川毓秀,名胜古迹甚多,在历史文化旅游方面,有国家级文物保护单位3个,揭阳学宫(始建于宋朝、规模为岭南最大)、古榕武庙(关帝庙)、丁氏光禄公祠(丁日昌旧居);有省级物质文化遗产17个,包括三山国王祖庙遗址(香火远传世界各地)、城隍庙、德安里民居群、靖海古城墙等。还有东方玉佛国——南岩古寺,共有2万多尊玉佛像,举世无双;同时,拥有潮剧、英歌舞、烟花火龙、玉雕等国家级非物质文化遗产9个,有行彩桥、锣鼓标旗巡游、茶艺、飘色等省级非物质文化遗产28个,足以让游客们全方位体验揭阳多姿多彩的民俗文化;在生态旅游方面,有岭南第一大瀑布群——黄满寨瀑布群(总落差320多米、最宽82米);大型生态度假胜地——大北山森林公园(负氧离子浓度高达10万个/立方厘米);温泉养生综合性旅游景区——揭西京明温泉度假村、大洋云雾山庄、大北山森林公园度假村;还有揭东万竹园、望天湖生态旅游

度假区;滨海风情休闲旅游长廊——海滨度假村、海市蜃楼、海角甘泉等,是粤东滨海旅游休闲好去处。

在商务旅游方面,有全国知名中药材的集散中心——普宁国际中药材市场(全国80%的冬虫夏草、70%的田七和60%的西洋参在这里集散);有普宁国际服装城(世界每10件衬衫有1件产自揭阳,每10件女性内衣有6件产自揭阳);有全国85%的高端翡翠的加工集散中心,还有创造财富神话的"中国淘宝村"——揭阳军埔电商村等。

手信推荐

蕉柑、青梅、竹笋、荔枝、揭阳酱油、脆皮豆腐、炸姜薯卷、五房绿茶

粤东地区

梅州
MEIZHOU

世界客都　长寿慢城

梅州是客家人的，全市99%皆是客家人，为全世界最大的客家人聚居地，是"世界客都"。行走其间，客家风情浓郁，亲切悦耳的客家话，优美动听的客家山歌，绿色健康的客家美食，包容开放的客家围龙屋，令人流连忘返。论土楼（围龙屋），梅州不是福建广东地区土楼最多的地方，然而花萼楼让人印象深刻：三环圆楼，墙体夯土，状如碉堡，楼门坚实。

在梅州，除了走访客家土楼，很重要的内容其实是走访梅州的名人故居。梅州人文荟萃，好读书，能够读好书，出了不少政治家和思想家。黄遵宪的人静庐，园林花圃，假山鱼池，亭台楼阁，长廊回栏。梅县雁上村的叶剑英故居，客家围屋，内设陈朴。虎形村的叶剑英纪念园和叶剑英故居相比，则要规模宏大得多，人文生态，旅游休闲，这座纪念园已经将

叶剑英的过去和梅县的旖旎风光融合在了一起。梅州历史悠久,游历梅州,不可不去的是修慧寺千佛塔,塔号千佛,四面铸佛各二百五十,总共佛千像,故号千佛塔。香火兴旺,环境清幽,梅江水绕城环过,水静山幽。而梅州山水,早已被开发成了多个度假村。雁鸣湖、雁南飞茶田、长潭,观湖垂钓,品茶养生,是找寻大自然放松身心的好去处。而龙归潭飞瀑、七亩嶂绝壁,也都是走访梅州不容错过的地方,长乐神泥和丰顺温泉则是保健养生福地。

梅州是一座山水之城,8座大桥像一道道彩虹与碧波荡漾的梅江水交相辉映,构成一幅"绿中城、城中水"的碧水连天、环境优美的飘逸画卷,为"诗画梅江"。

手信推荐

金柚果脯、蜂蜜柚子果酱及柚香柚脆、单枞茶、客家活竹酒、盐焗鸡翅鸡爪

粤东地区

河源 HEYUAN

万绿槎城 温泉之都

河源,别称槎城,因东江和新丰江在市区东面交汇,城市看起来像浮在水上的木筏而得名。而新丰江水库即是大名鼎鼎的万绿湖,是华南最大的生态旅游名胜,因四季皆绿,处处皆绿而得名,河源因此成了"中国绿色明珠之城"。万绿湖的核心景区是镜花缘;桂山是河源第一高山,终年常绿、四季花香果熟,素有"植物王国、动物乐园、旅游天堂"之称;桂山主峰北部有野趣沟,其野,一如云南的原始森林西双版纳,其幽,恰似"青城天下幽"之称的四川青城山。河源还有"粤东丹霞山"和"粤东小桂林"——连平内莞山水、"地下龙宫"(漳溪黄龙岩)等自然景观。

　　河源不仅自然生态殊胜,历史人文也不遑多让,拥有广东文化名城——佗城。河源秦时设县,县名龙川,赵佗治县,一统岭南。今天,在龙川县城,秦时城基越王井,赵佗故居正相塔,循州治、城隍庙,从古秦遗址到明清古桥,历历在目。河源是客家人聚居地,是客家文化的重要起源地之一,为"客家古邑",东江客家菜闻名南岭。河源每个县区都有客家歌舞团,紫金县的客家花朝戏被列为"中国非物质文化遗产"。

　　河源新丰江中心的音乐喷泉绝对是现代景观的极致,高达169米的喷水高度让这里拥有"亚洲第一"的美誉。紫金的御临门温泉是冬日值得一去的好地方。

手信推荐

　　万绿宝酸萝卜、五指毛桃、木工艺品、客家酿酒、上莞茶、康禾茶、柿饼

粤东地区

汕尾
SHANWEI

海陆丰景 滨海汕尾

汕尾,读之如"汕美",一个美丽的地方,早在宋初就成为商埠,曾经是"舟楫云集"之地,20世纪20年代有"小香港"之称。2011年,深汕特别合作区成立,汕尾进入了快速发展的轨道。

汕尾是中国"四大渔场"之一,也是中国"四大贝雕场产地"之一。红海湾遮浪南澳半岛素称"粤东麒麟角",海水由于地形及海水流向的特殊性,半岛东西两边的海面景象迥然不同,是国家级天然浴场。陆丰的金厢滩滨海旅游区,融自然景观、

人文景观和滨海风光于一体,滩上沙质以石英砂为主,为粤东地区最大的天然海水浴场。

汕尾的海陆丰是中国13块革命根据地之一,"海丰红宫红场旧址"是中国第一个农村红色政权——海丰苏维埃政府所在地。1927年,彭湃领导武装起义,率众成立。汕尾的名胜古迹众多,凤山祖庙、玄武山元山寺、清云山定光寺最为著名,也是粤东地区重要的宗教活动场所。春秋季节来到汕尾,无论是游览莲花山旅游风景区、玄武山(元山寺)、待渡山(甲秀楼)等风景名胜,还是体验红海湾、龟龄岛等海岛风情,温暖宜人的气候都会令人倍感舒适惬意。

手信推荐

虾蛄干、鱿鱼干、珍珠首饰、贝雕

粤西地区

湛江 ZHANJIANG

湛蓝的海 湛蓝的天

湛江这座年轻的海滨城市位于中国大陆最南端,这里究竟散发着怎样的魅力呢?邓小平同志说湛江是"北有青岛,南有湛江";周恩来总理称赞湛江"房子建在树林中,既幽静,又雅致",像个"小巴黎";陈毅元帅赞美湛江"冬犹暖,秋如夏,凉风动,炎氛化",是"东方日内瓦";冰心大师和诗人艾青在湛江分别留下《湛江十日》与《湛江夹竹桃》等散文佳作。

全世界现在发现的两个仅有的玛珥湖,其中一个就是湛江的湖光岩。海平面以下的洁净的湖,并不与外界水系相通,这一池碧水,倒映着山色湖光,从何而来,无人能解。湛江修观海长廊,延海岸线曲曲折折而建成的园林景色,是湛江的长堤观海,一边是一望无垠的大海,一边是青翠错落的园林城市。寸金桥山河寸金,广州湾法国公使署记录着那一段硝烟血泪的历史。南国植被丰富,湛江南亚奇园是难得一见的热带植物天堂。南国海岛,南三岛听涛枕浪,看落辉金沙。硇洲岛灯塔璀璨,渔歌晚霞,可乘游船驰骋海湾,追鸥逐浪。雷州半岛雷州城,古城古祠,祖祠祭雷祖,十贤祠祭名臣。自古雷州是中国大陆的最南端,贬官边疆,是对官吏的处罚。而雷州人则以这些官吏为荣,兴建十贤祠,纪念这些忠魂烈骨。

 手信推荐

瑶柱、海马干、生鱼片、珍珠

茂名 MAOMING

滨海绿城 好心茂名

茂名是个粤西风情浓郁、地方特色鲜明的旅游地。比如，在茂名，你可能常常遇到一些"掌握"着几种语言的人：普通话、白话不在话下，雷话、客家话甚至"旧时正"操起来说不定让你听得"目瞪口呆"。

茂名当地最大的海岛叫放鸡岛，潜水旅游区是一个美丽而神秘的潜水旅游胜地，同时岛上的植被覆盖率也居广东省海岛之冠。虎头山海滨旅游区有理想的天然海滨浴场，海滩绵延12公里，沙质洁白，宽阔平缓；海水清澈，无礁无鲨，全年适宜海浴时间在280天以上，素有"南方北戴河"美称。南海之滨的两颗明珠——虎头山和晏镜岭耸立区内，既是度假区的迷人景观，又是两座天然的观景台，与阳光、白沙、碧浪、林带交织

成一幅如诗似画、如梦似幻的南国海滨风情画卷。

茂名人文独特,"年例"和"大过年"的节日里,城乡各居民以社为单位集资举行祭社盛典以祈风调雨顺,年丰人寿,俗称"做年例"或叫"祭社"。茂名物产丰富,电白的海鲜、化州的橘红、荔枝、香蕉、龙眼等"岭南佳果"驰名中外。

茂名还是海上丝绸之路的重镇,今天,全世界有上千座冼太庙。冼太,即冼夫人,她说"吾事三代主,唯用一好心",她的精神成了茂名的传承。

手信推荐

化州橘红、荔枝、龙眼、角雕、缅茄、贝雕

阳江 YANGJIANG

南海丝路 丰采阳江

傍海依山,沙滩海岛夕阳斜影,峰林熔岩奇石美洞,蒸汽缭绕天然温泉,南国千岛湖光水色,鳞波荡漾。纸鸢纸鹞天上风景,逆水龙舟高流圩,渔歌号子海风微咸——这就是阳江,魅力的阳江,中国著名的旅游滨海城市,中国风筝之乡。

海陵岛被"中国国家地理"杂志社评为"中国十大最美海岛"之一,现在是5A级景区,其中的十里银滩风光毓秀,粗犷壮阔,海岸线长达16.5公里,与同处于海陵岛的闸坡大角湾,以及处于阳西沙扒的月亮湾并称为姐妹湾,是我国不可多得的几处洁净的海滩,其间还有仿宋建筑群——宋城,以及承载着南海一号的广东海上丝绸之路博物馆,述说着沧海桑田的故事。

阳江多喀斯特地貌，多溶洞。凌霄岩为南国洞天，钟乳奇幻，玉溪三洞暗河流淌，泉水清澈。东湖星岛，岛屿密布，岛青水秀，水果繁多，珍禽古樟。阳春石林耸立成林，八甲大山天池泛舟，鹅凰峰飞瀑白水，通天蜡烛耸立湖间。崆峒岩洞庙相交，龙宫岩奇石美奂。

阳江海鲜美食，莫江路餐饮一条街。阳江临海，菜系也以海鲜为特色，清蒸煲汤，原汁原味。品花甲煲，油泡鲜鱿，尝生地肉蟹汤，走街串巷，吃一碗闸坡鱼丸鱼面，尝尝粉酥煎堆，都是不错的选择。阳江土特产以"阳江三宝"和"阳春三宝"最为著名，"阳江三宝"是指阳江豆豉、阳江小刀和阳江漆器；"阳春三宝"指阳春产的春砂仁酒、蛇鞭蛤蚧酒和三蛇酒。

手信推荐

阳江小刀、阳江漆器、阳江豆豉、土蜜砂、黄鬃鹅、阳江姜豉

六祖故里 魅力石城

"城中有山,山中有水,绿树花香,山水相映"是云浮的特色,众多的名胜古迹,形成了得天独厚的旅游资源。"百城烟水无双地,六代风幡自一天"的新兴国恩寺,至今有一千三百多年历史。云浮是禅宗六祖惠能出生和圆寂之地。

春寒赐浴华清池,温泉水滑洗凝脂,新兴的龙山温泉是省内独一无二的硫氢矿物泉,水质清澈,温度宜人,具有医疗保健的神奇功能。云城的蟠龙洞风景区风光秀丽,洞内的宝石花晶莹剔透、洁白如玉堪称中国一绝。郁南连滩的光仪大屋保留了典型的岭南古民居建筑风格,可谓古色古香。郁南县的南江口,为南江与西江交汇处,是古代海陆丝绸之路的重要对接通道。罗定唐代"龙龛道场铭"摩崖石刻,人称"岭南第一唐

刻"。由龙山温泉、龙山国恩寺、蟠龙洞、蟠龙天湖、龙湾天河瀑布和龙龛岩等构成的"龙之旅"正成为旅游热门线路。

云浮市盛产大理石(云石),主要是加工大理石,素有"石材王国""硫都""石都"之称。

手信推荐

南乳花生、新兴排米粉、新兴香荔、新兴话梅、郁南蜜枣、罗定皱纱鱼腐

韶关 SHAOGUAN

禅韵韶州 元起丹霞

韶关坐拥独特的丹霞地貌，峡谷、森林、温泉、溶洞、瑶寨……都让韶关成为著名的旅游胜地。

丹霞沙砾岩，长老峰日出，丹霞山遍体通红，以阳元石、阴元洞著称，号称"天然的裸体公园"。韶关拥有大面积的喀斯特地貌，古佛岩、铁龙洞、芙蓉洞、狮子岩都是山水溶洞。韶关坐拥大片的森林，南方红豆杉森林冬可赏雪观凇，南岭国家森林公园秋可看红叶满山，韶关森林公园置身城市之中，小坑国家森林公园有龙湖牙月，天井山号称"广东氧吧"。除了大片的国家森林公园，杨东山十二度水，车八岭

南岭明珠，坪石镇九泷十八滩，乳源南水水库，马坝镇曹溪温泉，武江河海豚乐园都能体验水带给这片土地的激情。韶关散居着瑶族、客家族等少数民族，乳源必背瑶寨贤坑歌舞，隘子镇满堂客家大围，都能体验到不一样的民俗风情。东湖坪古村，明清古屋依旧；双峰寨闯王城，碉堡森森，石尽沧桑；梅关古道春赏梅，芙蓉古刹修仙丹，六祖惠能的南华寺，虚云移刹的云门寺，古老的韶关，人文的韶关。

对于广东来说，韶关是古代中原文化和南方百越文化交汇之地，是最靠近中原地带，是广东最早出进士的地方，"海上生明月，天涯共此时"即为唐代名相张九龄所作。韶关多客家人，而南雄的珠玑巷是广府人的故里，朝圣的地方。

手信推荐

冬笋及笋干、白毛茶、乐昌马蹄、三华李、马坝油黏米

清远 QINGYUAN

北江明珠 清香溢远

岭南山水，北江风光，广东的西北重镇，珠三角的山水后花园，这就是清远。

这里是山清水秀的岭南名城，山水交汇，山是大龙山、瑶山，水是北江、滃江、潖江，香清而溢远。著名的英西峰林走廊位于英德市九龙镇和黄花镇之间，因有一千多座喀斯特山峰呈线状分布而得名，有"南天第一峰林"之称。穿天岩和阳岩洞两大溶洞，让你见识大自然的鬼斧神工。这里的园区景点与村落融为一体，游客在这里可以真正地感受到乡村田园气息，与大自然零距离接触。清远天子山瀑布为一组天然梯级瀑布群，位于广东清远市清城区高田镇西坑山区。清城区第一峰天子山南麓，自然资源丰富，临山近水，拥有竹海与瀑布群，一年四季不同时节展现各种风情韵味。天子大瀑布山泉水一路穿山越谷，贯穿天后瀑布、飞龙瀑布、同心桥等古色古香的十桥，溪水顺流

直达景区门口,令徒步的游人赏心悦目。岭南瑶寨风情,三排瑶寨长腰鼓,上岳古村山水绕,青砖黛瓦田园风光,福林苑壮乡歌舞篝火旺,南岗瑶寨千顷梯田绿山阶。英红镇英德茶香,三坑薰衣草紫海映山,长青果园瓜果飘香,清新温泉江南水乡。

手信推荐

清远鸡、连州白茶、骆坑笋、黄精、猴头菇、沙田柚、英德红茶